大正日本

百花盛放的新思維、奇女子

茂呂美耶 Moro Miya

前言

大正民主的自由時代

明治時代末期，日本在政治、經濟、產業、軍事、文化等各方面，均欣欣向榮。

表面看來，國內經濟變得富裕，交通、通信技術快速發展，學校制度也齊備，出版業興盛，藝術整體受西方文化影響，達到驚人進步。

譬如文學方面，出色作家輩出，除去平安時代、江戶元祿時代，這在日本文學史上算是罕有現象。

市民生活西式化也進展得很快。都市區的男性頭上戴著軟呢紳士帽，身上穿著長披風，自由自在地在啤酒館或咖啡廳享受啤酒。電影院放映電影或日俄戰爭新聞。女性流行名為「二〇三高地」西式髮型。富裕階層女性用雪花膏、西洋粉、香水為自己化妝，出門到帝國劇場觀看歌劇，回家後彈鋼琴或拉小提琴，閒時傾耳細聽留聲機傳出的西洋音樂。

體育運動也普及迅速。明治四年（一八七一）傳入日本的棒球，於明治三十六年（一九〇三）便舉行第一次「早慶戰」（早稻田大學和慶應義塾大學於每年舉辦的傳統校際對抗賽），公司和學校也各自組成棒球隊。

女學生則流行打網球和騎馬，冬天享受滑雪、溜冰。划艇比賽也很興盛，每逢春天，東京市民都會到隅田川觀看划艇比賽。

明治時代末期可以說是明亮華麗的時代。

接著是大正時代。

「元始之初，女性原為太陽，是一個真正的人。如今，女性是月亮。仰賴他人而存在，依靠他人的亮光而發光，是宛如病人的蒼白月亮。」這是平塚雷鳥於明治四十四年（一九一一）組成女性文學團體「青鞜社」時發表的宣言。正如「新女性」的象徵平塚雷鳥那般，大正時代的女性，為了擺脫長此以往社會和家庭予以的不平等待遇，開始紛紛摸索自立途徑。

所謂「大正民主」，意指受日俄戰爭、第一次世界大戰影響，日本國內富裕起來後，百花齊放的文化。民眾的政治意識高漲，並出現一批「新中間層」的實業家和有識之士、上班族，以都市為中心，無論政治或社會思想，藝術或文化，一切都展開自由主義氛圍。

第一次世界大戰帶來好景氣，同時也帶來都市人口集中和農業停頓問題，米價上漲，都市工人以及鄉村貧農的生活陷入困境。此時，政府為了派兵至西伯利亞，軍隊和商人隨心所欲壟斷收購白米，橫行無忌，直接打擊了民眾的家庭財務。於是，反對壟斷白米的民眾運動興盛，「米騷動」事件留名日本近代史。

運動中心人物是一般主婦。從富山縣魚津港發起的此暴動，別名「女一揆」或「越中女房一揆」，女性集體襲擊米店。正是這場暴動逼迫當時的內閣總理大臣辭職。

如此，在明治時代一味遭壓制的女性，一步一步登上社會舞台。以平塚雷鳥為中心的女性解放運動和教育運動蓬勃興盛，出現了「新女性」層。這在當時的日本是劃時代的變化，與現代人老愛掛在口中的「女人變得很強」的感覺完全無法比擬。

在此背景下新女性職業陸續登場。除了傳統行業的事務員、電話接線員、打字員，更出現公車服務員、百貨公司服務員，以及在船舶和飛機工作的空中小姐、海洋小姐。街上可以看到身穿美國電影中時髦服裝的女性，「摩登女郎」和「銀逛」（在銀座逛街）成為流行語。

大正時代雖僅有十五年，社會變化卻很大。明治文化是來自上頭的強制性變革，大正文化卻是由成長的民眾主動激起的大眾文化。雖然都市和農村生活差距很大，但比起不久之後的黑色戰爭時代，大正是個自由並充滿活力的五彩繽紛時代。

簡單說來，大正文化是以都市為中心，從民眾之間爆發的大眾文化。而且，也是女性顯著跨入社會的時代。

目次

PART 2——大正奇女子

PART 1
多彩的都市文化與生活

PART 1——多彩的都市文化與生活

明治時代的終結

「日本好像也會跟著垮台」

明治四十五年（一九一二）的夏天比往年悶熱，七月十九日的白天，陽光特別焦炙，氣溫在攝氏三十四度上下。夜半，天皇病情驟變，翌日下午，「天皇垂危」的號外在日本全國滿天飛，令六千萬國民受到非比尋常的打擊。

股市因前景不明而暴跌。電車駛至日比谷半藏門前時，均慢速行駛；皇居護城河附近的三宅坂十字路口的軌道也鋪上破布，不讓噪音傳進天皇病房。皇居二重橋前的廣場，晝夜擠滿了跪在地上祈願天皇病癒的人。

有人說：「我是明治中期出生的人，隨著明

明治天皇大喪儀式。

治時代而成長，始終相信明治時代永遠不會結束，這下，我感到日本好像也會跟著垮台。」

但是，天皇的病情日趨惡化。二十九日上午六點，終於限入危篤狀態，相關人員幾乎每隔三小時發表病情。正午，天皇四肢末端出現暗紫色。三十日上午零時四十三分，天皇因尿毒症惡化及心臟麻痺，終於逝世，享年五十九。明治時代也在此閉幕。

隨後，皇太子嘉仁[1]於三十日上午一點，舉行三種神器繼承儀式，年號改為「大正」。

眾多國民為明治天皇駕崩而悲嘆，感覺似乎失去「決定國家意志的核心」。根據當時的文章描述，據說連夫妻吵架時，只要有一方說出「天皇陛下都死了」，吵架便會立即中止。

想想，明治新政府當初為了向日本國民推銷「天皇」的存在，絞盡腦汁費了不少工夫。而在明治這一代的四十五年期間，最後還讓國民主動跪在皇居二重橋前廣場祈願天皇病癒，就培育天皇地位這點來說，明治政府算是做得非

明治天皇大喪儀式（宮內公文書館藏）。

常成功。

不過，東京市民中也有人開著汽車，發出喧囂喇叭聲，沙塵飛揚地駛過皇居。這些人完全不關心天皇的病情，有些是在練習汽車駕駛，有些則帶著藝妓出來兜風。更有人拿到號外後匆匆讀了一遍，便當場撕毀或揉成一團丟棄。

大正元年（一九一二）九月十三日下午八點，皇居響起一聲信號炮聲，載著明治天皇靈柩的汽車自皇居出發，駛向青山葬儀式場。與此同時，日俄戰爭的英雄、學習院院長、陸軍大將、伯爵爵位的乃木希典[2]及其妻子靜子夫人，也在家裡自盡。

德川幕府於江戶初期即禁止臣下殉節，沒想到三百年後，明治國民眼中的「軍神」竟主動恢復此舊習。

在國民陷於沉重心情的大喪之日，又傳出乃木希典夫妻自殺的消息，正如青天霹靂，震嚇了許多人，特別是知識分子。不過，隨著日子的流逝，讚美聲逐漸增多，最終還蓋了不少座乃木神社。

日本作家志賀直哉[3]當天的日記如此記述：

> 聽到乃木先生自殺的消息時，我當下感到這傢伙很愚蠢，就跟下女或其他人因考慮不周而做出什麼事時的心情那般。

這段話，應該含有對明治時代的批判吧。

失去世上唯一知音的乃木希典

明治四十五年九月十三日，日本舉行明治天皇大喪，靈柩預計在下午八點駛出皇居，信號炮聲響起時，乃木希典夫妻各自留下辭世句詩歌，雙雙自盡。

乃木希典的辭世句，大意是「現世神離去，吾亦追隨大君，去矣」。夫人靜子留下的辭世句則為「聞君出遠門，行幸無歸路，遭逢今日變，哀傷不已也」。

明治天皇。

乃木大將本來留下遺書要夫人靜子於丈夫死後，搬到東京中野去住，但夫人靜子也選擇了自盡。她在辭世句中寫的「遭逢今日變」，意味天皇及丈夫兩人。

乃木夫妻的自盡太突然，大出眾人意料，但是從遺書中多少可以理解乃木為何選擇殉節之路。

也就是說，乃木希典深知這回的殉節自殺行為罪不可赦，因而在遺書中說明：「明治十年戰役失軍旗，其後努力等待死得其所，卻一直苦無機會。」並說：「蒙受過度的優待直至今日，如今我已衰老，無法繼續效勞，接到悲痛消息時，便已下定決心。」

乃木希典。

遺書中提到的「明治十年失軍旗」，指的是一八七七年平定內亂的「西南戰爭」[4]時，西鄉軍奪走聯隊旗的事件。

當時，乃木率領二百名官兵的小倉第十四聯隊，在前往救援熊本師團途中，遭四百名西鄉軍襲擊。寡不敵眾，聯隊旗旗手戰死，西鄉軍奪走聯隊旗，還揮舞軍旗向乃木炫耀。

身為聯隊長的乃木打算奪回聯隊旗，經部下極力規勸才勉強放棄念頭。天皇親自授予的聯

栃木縣那須鹽原市的乃木神社。

隊旗，可以說是聯隊的「靈魂」，在戰場遭敵人奪走隊旗，對軍人來說是一種恥辱。

事後，乃木寫了一封請罪書給總指揮官，不料，回信是「不予過問」。乃木沒有受到絲毫處分。乃木自咎不已，幾度企圖自殺，都遭及時阻止。這件事成為乃木三十多年來的心靈重擔。

此外，乃木還欠了明治天皇一筆債，是日俄戰爭時的失敗。

明治三十七年（一九〇四），乃木擔任第三集團軍司令官，負責指揮一般認為難以攻陷的旅順會戰。

第一次總攻擊，死傷者數一萬五千八百；第二次總攻擊，死傷者數三千八百。兩次都以失敗告終。乃木的長子也死於野戰醫院。

消息傳回日本國內後，痛罵乃木無能的信件蜂擁而來，陸軍內部的指責聲也日益高漲。陸軍總參謀長山縣有朋[5]終於決定更換乃木，向明治天皇上奏意見。然而，天皇卻回說：「那樣的話，乃木絕對活不下去。」

在當時所有陸軍將帥中，明治天皇最看重乃木。明治天皇的意思是，連乃木都陷於苦戰了，其他任何人也不可能成功，反倒會失敗。

第三集團軍在乃木的統率下，團結一致正在竭盡全力克服所有困難。正因為是乃木統率，才能堅持到今日。假若換下乃木，責任感強的乃木一定會負起犧牲多數部下的責任，切腹自殺。你要我殺掉這樣稀有的良將嗎？

山縣聽後，只能惶恐退出。調職一事便就此作罷。

之後，乃木毅然實行第三次總攻擊，最終以一萬七千死傷者數及次子的戰死，換來俄軍的全軍覆沒，攻陷旅順。如此，乃木於一夜之間從世人口中的「無能將軍」，晉升為「凱旋將軍」。但是，對乃木來說，明治天皇才是唯一的知音。

失去這世上唯一的知音的乃木，等於失去繼續活下去的理由。

總之，這位「最後的忠臣」的殉節行為，給予世人極大打擊。森鷗外[6]更一氣呵成寫成短篇歷史小說〈興津彌五右衛門的遺書〉，假託小說對乃木的殉節表示理解。

時代轉折點的象徵

只是，這個時代畢竟不是江戶時代，並非每個人都像森鷗外那般持讚美論，輿論對殉節的是非沸沸揚揚，《中央公論》甚至特地編排了殉節專題。

我想，任何人都能存在於自己的時代中，但要「為時代而活」則很難。更別說「為歷史而活」，並對自己存在的歷史發展做出貢獻。

乃木基於自己的信念，以殉節這個手段，從「活在明治時代」的某個存在，縱身一躍成為「為明治時代而活」的存在。姑且不論殉節的是非對錯，他的信念確實令人敬佩。

乃木的殉節，正是時代轉折點的象徵。

附帶一提，清朝改革派政治家，亦是滿洲國建國參與者之一，後出任滿洲國國務總理的鄭孝胥[7]，在其著作《海藏樓詩集》留下一篇〈弔日本大將乃木希典詩〉（一九一二年）：

壬子秋八月，日本葬其天皇，大將伯爵乃木希典夫婦皆自殺，列國驚嘆。日俄之戰，乃木以第三軍攻克旅順，名震一世。其兒子皆戰死。素喜為詩，或傳其軍中之作云：「徵馬不前人不語，金州城外立斜陽。」又云：「愧我無顏見父老，凱歌能得幾人還？」甚有唐人格法，遠神篤意，入人肝脾也。

性情挾禮義，勃然在一發。百世猶興起，壯哉此賢匹。君臣與夫婦，同盡意何決。似含厭世旨，棄濁自成潔。知君百戰餘，似死遠勝活。功名出至哀，垂老鬱勁烈。苟非斷脰舉，殊負一腔血。平生信詩書，助汝捨生熱。中原今何世，誰復識名節？綱常既淪喪，廉恥遂澌滅。聞風獨酸鼻，感動為淒絕。低迴誦遺篇，夢魂逐豪傑。

大正天皇也為乃木作了三首漢詩，其中一首是〈哭乃木大將〉：

滿腹誠忠萬國知，
武勳赫赫戰征時。
勵精督學尤嚴肅，
夫婦自裁情耐悲。

1 嘉仁（Yoshihito, 1879-1926）。日本第一百二十三代天皇，大正天皇。

2 乃木希典（Nogi Maresuke, 1849-1912）。日本陸軍大將，日本人奉為「軍神」。由於為明治天皇自殺，也成了「武士道」精神的象徵。

3 志賀直哉（Shiga Naoya, 1883-1971）。日本作家。

4 西南戰爭（Seinan Sensou），以西鄉隆盛（Saigou Takamori, 1828-1877）為盟主的士族，對明治新政府發動的起事，日本最後的內戰。

5 山縣有朋（Yamagata Aritomo, 1838-1922）。山口縣人。日本陸軍之父，第三、九任日本內閣總理大臣，公爵爵位。

6 森鷗外（Mori Ōgai, 1862-1922）。日本明治至大正年間小說家、評論家、翻譯家、醫學家、軍醫、官僚。

7 鄭孝胥（1860-1938）。

PART 1——多彩的都市文化與生活

漁婦點燃大正民主火炬

「米騷動」的導火線

自大正七年（一九一八）七月二十二日起爆發的一連串「米騷動（白米暴動）」事件，是日本近代史上規模最大的民眾運動之一。另一起同樣長期展開多起運動的事件，則為昭和三十五年（一九六〇）的「安保鬥爭」，但「米騷動」的特徵是政府出動軍隊鎮壓民眾。

大正三年（一九一四）發生的第一次世界大戰中，日本也參戰亞洲，除了攻佔青島的德國租借地以外，還派出若干艦隊協助確保歐洲通商航線的安全。戰時景氣以及通貨膨脹導致物價逐漸上漲，此現象直至大正六年（一九一七）才明顯表面化。

米價本來三年半來都一直維持同樣價格，但在大正七年突然暴漲。例如一月的米價是一石十五圓，到了六月竟上漲至二十圓，七月更暴漲至三十圓。當時一般上班族（或受薪階級）的平均月薪是十八至二十五圓，小學教員二十圓，小學校長二十九圓，男工八十九錢。

用「升」來計算或許比較容易懂。一升相當於兩公斤半，現代超市賣的一袋米是五公斤。一升米本來二十錢，半年之間暴漲至四十錢以上，漁民的平均月薪是五十錢，漁民主婦在碼頭裝卸貨物的副業月薪是十至二十錢，辛辛苦苦做了一個月工作，仍買不起一升米。

大正七年的七、八月，正是農作物青黃不接時期，政府在這時期公佈西伯利亞出兵消息，導致米商看準軍需，紛紛壟斷市場上的米，米

1919年，「救露討獨遠征軍畫報其十六」。

價益發暴漲，市場米短缺。

其實米價上漲的背景很複雜。好景氣誘引都市人口增加，工廠工人增加致使農村勞動力減少，米消費量一直在增加，農村卻因勞動力減少而供不應求，庫存米有減無增。再加上第一次世界大戰引發進口米驟減，地主和穀物商捨不得賣，有些米商則基於投機而壟斷收購。西伯利亞出兵報導使這個現象雪上加霜，軍需令物價飆漲，米更是重要的軍需物資，而直接受到打擊的人正是一般老百姓。

由於米現貨必須集結在日本海方面的敦賀、舞鶴港，越中富山縣魚津附近的四十六名漁民主婦，聚集在海岸，打算阻止正在碼頭裝卸米的貨船出航至北海道。警方人員於事前得知此事，趕往海岸說服眾人，主婦集團暫時解散。但此事件正是隨後爆炸性擴大的「米騷動」導火線，只是，這個時刻報紙還未報導，一般人都不知道。

越中女房一揆

當時的內閣總理大臣是寺內正毅[1]，寺內內閣沒有採取與國民生活有重大關係的米價抑制對策，而且完全輕視民眾的動向，表現無能。

內閣公佈西伯利亞出兵消息的第二天，同樣在富山縣的水橋町，集結了約三百名漁民主婦，懇求米商不要再屯積米，並廉價出售。四天後，又發生類似的大眾行動，之後逐漸演變為全國性暴動行為。

這個階段，報紙才開始注目並報導，而且用

寺內正毅，第十八任日本首相。

到「越中女一揆[2]」或「越中女房[3]一揆」等搶眼標題，於是，全國各地便接二連三爆發同樣的米暴漲抗議活動。

或許有人會問：「怎麼都是漁民主婦在主導？她們的丈夫呢？」

丈夫們都到俄國沿海從事遠洋漁業，生死不明，而且日俄關係不好，即便賺了錢，生活費也無法順利寄回日本，留在家裡的主婦和孩子都處於快要餓死的窘境。遇上這種情況，當媽媽的自己不吃飯無所謂，但總要設法弄點米飯給孩子吃吧？

米短缺、價格暴漲本來就是全國性的問題，因此八月十日左右起，暴動規模已經超越地區性的「女房一揆」運動，擴展為社會問題。大阪、京都、神戶等地，聚集了數百、數千、數萬群眾，要求降低米價並開放米倉庫。

報導「米騷動」動向的《大阪朝日新聞》因事前審查沒通過，第一版的印刷鉛版全面遭刪除，結果只能分送出白紙。

騷動波及東京、橫濱、靜岡、廣島、岡山、福島、宮城等地，幾乎遍及全國。動員警察也無法鎮壓，出動軍隊反倒更激怒民眾。據說，都市區的運動並非有人登高召集，而是三三五五聚集在公園的民眾自然而然做出的行動。

都市區的暴動日趨激化的原因，在於生活最困苦的下層階級積極表明訴求，並付諸行動。只不過要求降低米價、反對穀物商屯貨而已，穀物商卻懼於群眾的數量和氣勢，乘夜逃跑，此舉令群眾益發激動，紛紛闖進富豪、穀物相關公司、交易所、派出所等進行交涉，倘若對方不接受要求，便做出拆房或放火的行動。

奉命出動的軍隊，因上司的命令具有絕對性的權力，即便不願意也得舉起刺刀示威或發射空炮，彼此都陷於極度亢奮狀態。

八月中旬以後，暴動波及各地的農村部落、煤礦區、礦山開採區。如此，暴動長達一個月半，一道三府三十七縣總計三百六十九處，參與者多達數百萬人，為了鎮壓而動員的兵力超過十萬。

此騷動令天皇親信的元老、重臣加深了危機感，總理內閣成員全體在九月辭職，之後出現第一個沒有爵位的總理原敬[4]，組織日本第一次的政黨內閣。原敬內閣為了平息騷動，付出很大努力。最後米價降到一升二十五錢，騷動總算終結。

綜觀這場暴亂的過程，可以看出當時的內閣對國民生活的原點之糧食問題毫無任何政策，而且為了轉移國民的注意力，還魯莽地決定派遣軍隊去干涉外國的內戰。但大正民眾並不

原敬，第十九任日本首相。

笨，他們心裡很清楚。國民都沒有飯可吃了，國家還去打仗幹麼？

「米騷動」的最大意義在於民眾刺中了政府的矛盾，加深統治階級的危機感。

此外，米騷動的導火線是越中富山縣的漁民主婦，她們只是為了當天的三餐而毅然站起，不料竟吸引了全國國民的關心。由於是自然而然發生的事件，因此在全國各地引起極大反響。不過，日本國民也是藉此騷動而認識到團結的力量。

之後，勞工運動、農民運動、普選權運動也隨之高漲，接著是學生運動、婦女運動也加強了社會性，部落解放運動[5]更前進了一大步。

就此意義來說，「越中女房一揆」是「大正民主」的象徵。

1 寺內正毅（Terauchi Masatake, 1852-1919）。

2 一揆，Ikki，團結一致發起的戰鬥，不一定要武裝起義。

3 女房，nyōbō，老婆、主婦之意。

4 原敬（Hara Takashi, 1856-1921）。日本政治家、第十九任日本首相，被譽為「平民宰相」，在任內遇刺身亡。

5 部落民是封建時期賤民階級的後代，主要從事「不潔」的工作，如殯葬業者、屠夫或皮革工人、拾荒者等，並居住在對外隔絕的村莊或貧民區。

PART 1——多彩的都市文化與生活

關東大地震

地震後的東京日暮里車站避難列車。

找朝鮮人當替死鬼

大正十二年（一九二三）九月一日上午十一點五十八分，南關東發生芮氏規模七．九的大地震，震央是神奈川縣相模灣的伊豆大島，關東一帶慘狀有如阿鼻地獄。

根據日本銀行推算，災民三百四十萬人，其中死者九萬多人，負傷者五萬二千，失蹤者一萬三千，倒塌建築物四十四萬七千餘戶，半毀建築物二十一萬餘戶，物質上的損失，除去神社、佛閣、古董、船舶、樹木、人畜受害，總計約四十五億七千萬日圓。而當時的日本國家預算約十五億日圓，可以想見損失甚大。

在這次災難中，如發生趁火打劫的掠奪、縱火、暴力、強姦等事件，世間便流傳「是朝鮮人的勾當」之流言蜚語，蠱惑人心。

一般民眾對這類謠言均半信半疑，但某些本來就歧視朝鮮人，對他們不懷好感的自衛團會趁機散佈類似流言，鬧得滿城風雨。

警視廳保護朝鮮人收容所（東京目黑賽馬場），1923年9月13日。

地震後的東京淺草仲見世。

結果，一些自衛團和在災區化為暴徒的人，竟特地去捕捉逃到燒毀民家避難的朝鮮人，毆打致死或讓對方負重傷。

據說，當時目睹這些行為或聽聞事件的，幾乎無人站出來抗議。不僅一般大眾，大多數知識分子也視若無睹。只有極少數的人，例如竹久夢二[1]和萩原朔太郎[2]不畏懼地指責「我憤怒地看著他們的行為」、「我看到日本人殺日本人（社會主義者）……也看到袖手旁觀的人」。其他知識分子都保持沉默，持視而不見、聽而不聞的態度。

當然也有警察局局長或工廠老闆為了保護朝鮮人，挺身而出與數百、數千民眾對峙，某些軍部長官也主動開放官府讓朝鮮人避難，平日與朝鮮人有交情的一般老百姓也讓自家成為避難所。

政府擔憂民眾利用流言發動

地震後的橫濱，民眾排隊接水。

暴亂，或朝鮮人接受挑釁而衝動報復，進而演變為社會運動及勞工運動激化，因而發佈了戒嚴令。

不少人誤以為戒嚴令的起因是朝鮮人，各地在軍部、警方的主導下紛紛組成自衛團。全副武裝的自衛團與出動的軍隊一起設置哨所，一一盤問通行人，對方若是朝鮮人，便施加暴行或讓警察帶走。當時的犧牲者也包含了中國人和日本人（只會說方言的人或聾啞者）。

龜戶事件與大杉事件

根據當時內務省警保局調查，朝鮮人死者二百三十一名、負傷者四十三名，中國人死者三名，日本人死者五十九名、負傷者四十三名。二〇一三年六月發現韓國李承晚政權於一九五二年調查後曾制定的二百八十九名犧牲者名冊，據說日本政府機關已經在進行驗證。

當時，最有名的事件是「龜戶事件」，也就

是東京龜戶町（江東區）警察局，不但拘留並虐殺多數朝鮮人，還趁機殘殺了十名日本社會主義運動、勞工運動指導者，以及四名不服從警方指示的自衛團團員。

之後雖然查明朝鮮人暴行流言是無稽之談，政府卻為了隱瞞軍隊、警察、自衛團虐殺朝鮮人的事實，不但管制言論，同時捏造了「在背後操縱朝鮮人暴行的是社會主義者」等謊言架空事實，企圖強調朝鮮人虐殺事件的合法性。

而一直以來視社會主義者為眼中釘的軍部，更使出卑劣手段，以緊急敕令為名，公佈「社會主義運動鎮壓法」，利用此機會大肆搜捕黑名單上的社會主義者。

「龜戶事件」發生於九月四日，相關人員傾全力隱瞞，媒體於十月十日才公佈。報導如此延誤，應該是軍部或警視廳向媒體施了壓力。

「龜戶事件」真相逐漸遭揭穿後，由於包括朝鮮人、日本人虐殺事件，政府也就無法繼續保持沉默。在解除媒體報導禁令時，當局承認憲兵、警察、自衛團於戒嚴令下犯下的罪行，卻沒有追究警察和憲兵的責任。也就是說，將責任全推給市民組成的自衛團。

揹黑鍋的自衛團若抗議，則以緩期執行堵住他們的嘴。據說，當時的龜戶町居民都在背後暗罵「自衛團是憲兵的狗，趁火打劫的傢伙肯定也是他們」。

與「龜戶事件」同時期發生的「大杉事件」也是一起淒慘的屠殺案件。被害者是革命領導人大杉榮[3]與其妻子、七歲的外甥，遭加害者憲兵大尉（分隊長）甘粕正彥[4]及其他五人的非法逮捕與絞殺。

大杉在大地震那年七月剛從巴黎回國，應該還沒有餘裕進行任何行動，只是，他的影響力太大，憲兵視他為第一級危險人物。

「大杉事件」曝光後，報紙一面批駁甘粕是「陸軍的大污辱」、「人道的敵人」，一面報導軍法會議過程。甘粕只是區區一個分隊長，再笨的人也猜得出他背後隱藏著陸軍大人物。

也因此，軍法會議的相關人員深恐繼續追究下去會連累到幕後的大人物，判甘粕十年徒刑即草草結束審訊。

甘粕服刑三年多便獲得假釋，軍方出錢讓他到法國留學，最後把他趕到滿洲。

昭和十四年（一九三九），甘粕成為滿洲電影公司的理事長。正是他讓山口淑子[5]改名為李香蘭，打造成日滿親善電影的女主角。中日戰爭後，李香蘭又成為日滿兩國國防電影的人氣女演員。

不過，據說電影公司只是甘粕的表面職業，真正的工作是掌管諜報機關。但也有另一種說法指出，滿洲的關東軍對他敬而遠之，甚至冷遇他，演員方面則有不少人尊崇他的人生觀及硬骨頭的剛毅作風。

總之，這個人很難理解。也許「大杉事件」時，他確實奉上司的命令殺掉大杉榮，但是離開日本以後，他似乎變成另一個人，致力於文化、藝術方面。

昭和二十年（一九四五）敗戰後的八月，甘粕在滿洲國首都新京（長春市）服毒自殺。

或許，大杉和甘粕都是時代的犧牲者

虎之門狙殺皇太子

大正十二年（一九二三）十二月二十七日，發生狙擊攝政的「虎之門事件」。

當時的攝政是皇太子裕仁親王，也就是日後的昭和天皇。

攝政為了出席帝國議會（國會），坐車前往貴族院時，在虎之門外遭槍擊。攝政雖然沒有受傷，但子彈穿破玻璃窗，令一同乘坐的侍從長受了輕傷。汽車就那樣駛至目的地。皇太子於事後向親信說，他當時以為是空槍，所以沒有受驚。

凶手是共產主義者難波大助[6]，當時二十五歲，山口縣出身的極左派恐怖分子；凶器是散彈獵槍。難波大助的父親為眾議院議員，母親

1919年，昭和天皇於皇太子時代。

已過世。據說他平時就對憲兵的蠻橫行為非常反感，大地震後得知「龜戶事件」、「大杉事件」，極為憤慨，遂決定狙擊攝政。

難波為了證明自己不是狂人，於事前即寄出犯行宗旨給報社，並宣言自己是共產主義者，而且還同所有友人正式斷交。他在大正十三年（一九一四）十月初的最後陳述內容如下：

我的行為徹頭徹尾是對的，身為社會主義先驅者，我應該感到驕傲。不過，如果我在事前可以預知世間對我的家屬和朋友施加的迫害，我大概不會付諸行動。對於皇太子，我感到很過意不去。但希望大家不要誤會其他共產主義者也採取暴力主義。皇室不是共產主義者的正面敵人。只限統治階級把皇室當作壓迫無資產者的工具時，皇室才會成為敵人。皇室能否安泰，全看統治階級如何對待共產主義者。

十一月十三日，大審院（最高法院）宣判難波死刑。內閣主動辭職，警視總監和警察部長遭受懲戒免職處分，山口縣知事減薪兩個月，難波畢業的小學校長和導師引咎辭職，故鄉的所有村子中止元旦慣例儀式。

難波的父親於事件當天便辭去眾議員，兒子的死刑執行後，不但拒收屍體，更在山口縣自宅大門紮下青竹，所有出入口的門都用鐵絲捆住，閉門蟄居禁食。半年後，餓死在家中。

這些震災後連續發生的諸多事件，僅是恐怖主義的序曲。到了昭和時代，就形成一章悽涼的悲愴曲。

難波大助的父親辭職後，選舉地盤由保守主義者松岡洋右[7]接管。繼任的內閣擔憂人心渙散，並為了阻止「大正民主」思想持續傳佈，頒布了「國民精神作興詔書」，進行全國性教化運動。以此為契機，大川周明[8]與北一輝[9]開始接觸中堅軍人、青年將校，彼此為了建設軍事國家，逐漸展開血腥的恐怖主義。

啟動嶄新的現代都市建設

為了救濟震災後的東京、橫濱地區的經濟，財務大臣於震災後的九月七日公佈緩付令（延期償付），讓災區的債務可以延期三十天。另外又公佈暴利取締令和臨時物資供給令，以抑制物價高漲。接著，政府公佈震災商業票據損失補償金，日銀決定以兩年為期限，將九月一日前已打折的商業票據再度打折。日銀若有損失，政府將支付最高限度一億日圓的補償費。

商業票據再度打折時，會蓋圖章以識別，正

復興後的東京，江戶橋附近。

巧那時經濟不景氣，混進了大量不良債權。據說，震災商業票據總計二億六百八十萬日圓，其中，台灣銀行佔百分之四十八的一億四萬日圓，而台灣銀行的商業票據約七成都是綜合貿易公司鈴木商店的呆帳，換算為現代物價，大約四百三十八億四千萬日圓。

政府估計票據債務人在兩年期間應該可以恢復支付能力，不料打錯了如意算盤，這些震災商業票據正是昭和二年（一九二七）金融恐慌的誘因。儘管如此，由於日銀降低貸款利息，

震災後夜警圖，井川洗厓（Igawa Sengai, 1876-1921）畫。

淺草觀音堂裡避難，井川洗厓畫。

並投放復興資金，總算迴避了震災恐慌。

此外，東京、橫濱地區的災害保險金額高達十九億日圓，相當於火災保險公司資本的八倍，政府出借長期資金，讓保險公司支付一成慰問金給災民，緩和了市民的保險金支付要求運動。

京濱復興計劃內容主要遵循了帝都復興院[10]首任總裁後藤新平[11]的案子。首先進行區劃調整，將低窪下町規劃為商業區，山手為住宅區，大森地區和江東則為工業區。

由於震災後因住房燒毀的下町居民及劇增的上班族都遷移至山手，中心地的新宿和澀谷也隨之從單純的繁華街升級為副都心。

嶄新的現代都市建設便如此開始啟動。

榜樣是第一次大戰中興盛起來的大阪產業城市的發展。這是走在新時代先端的阪急社長小林一三[12]的創意商法。就是以大阪梅田為起點站，擴張近畿各處的私營鐵路網。首先建設起點站的百貨大樓，再以往返梅田辦公街和郊外住宅區的非特定多數通勤者為對象，採薄利多銷的銷售方針，在職場和住宅區之間建設聚集飲食店、咖啡廳、電影院、雜貨店的中心商業區。

東京正是仿效大阪，與丸之內和銀座前後呼應，百貨公司和電影院、飲食店陸續進軍副都心。因此，這個區域交通建設發達。首先，復甦的是以前就有的「の」字型路線，如此，山手環行線於大正十四年（一九二五）完成。

私營鐵路網也在大正十一年（一九二二）左右，以副都心中心為起點，包括西武、東武、目蒲、東橫、小田急等私營鐵路線呈建設高峰狀態。

其他都市則增加了公共汽車路線，東京市內也出現一律一圓的出租汽車。

通過震災後的都市功能變化，職場和住宅區之間出現許多聚集電影院、戲棚、舞廳、飲食店、酒館、啤酒館等商店的鬧市，吸引了眾多上班族。

附帶一提，大地震之後，陸軍參謀本部曾商討遷都論，當時有人提議遷至京都，也有人提議遷至東京近郊，不過，大多數人都認為大地震正是改造東京的良機。天皇於震災發生後的九月十二日下了「復興東京」詔書，遷都論便不了了之。

1 竹久夢二（Takehisa Yumeji, 1884-1934）。畫家。
2 萩原朔太郎（Hagiwara Sakutarō, 1886-1942）。日本作家與詩人。
3 大杉榮（Oosugi Sakae, 1885-1923）。思想家、作家、無政府主義者。
4 甘粕正彥（Amakasu Masahiko, 1891-1945）。日本陸軍軍人。
5 山口淑子（Yamaguchi Yoshiko, 1920-2014）。知名歌手、電影演員，後擔任日本參議院參議員。
6 難波大助（Nanba Daisuke, 1899-1924）。
7 松岡洋右（Matsuoka Yōsuke, 1880-1946）。日本的外交官、政治家。主張對蘇宣戰和對美強硬化等政策，戰敗後被列入「甲級戰犯」名單。
8 大川周明（Ookawa Shūmei, 1886-1957）。日本極端民族主義者，是第二次世界大戰後遠東軍事法庭甲級戰犯中唯一的民間人士。
9 北一輝（Kita Ikki, 1883-1937）。日本思想家、社會活動家、政治哲學家、國家社會主義和超國家主義的提倡者、法西斯理論思想家。
10 帝都復興院（Teito Fukkō In）。政府救災機關，設置於一九二三年九月二十七日，因預算問題，一九二四年二月二十五日廢止，之後由復興局繼續完成其任務。復興局於一九三二年四月一日廢止。
11 後藤新平（Gotō Shinpei, 1857-1929）。日本政治家、醫師。曾任東京市長，東京放送局（今ＮＨＫ）第一任總裁，臺灣總督府民政長官，南滿鐵道公司首任社長，內務大臣和外務大臣，帝都復興院總裁。亦是日本童子軍聯盟首任會長，是童軍運動推廣者。
12 小林一三（Kobayashi Ichizō, 1837-1957）。日本實業家、政治家，關西大型民營鐵路業者之一阪急電鐵公司創辦人。

PART 1 —— 多彩的都市文化與生活

新貴族與上班族

戰爭景氣造就新貴族

日俄戰爭後，工業主義的擴張和仰賴莫大外債的殖民地經營，令日本瀕臨破產，是第一次世界大戰拯救了日本的國民經濟。這場大戰給日本帶來雙重甚至三重的漁翁之利。

第一，日本可以實現帝國主義性的領土侵佔計劃。

日本政府以日英聯盟友好為由向德國宣戰，其實真正的意圖是攻佔德國的膠州灣租界，之後雖曾短暫退還給中國，不久即再向中國租借。當初催促日本參戰的英國，很快就看穿日本政府答應參戰的幕後動機，於是又要求日本取消參戰。但日本無視英國的要求，佔領青島後便袖手旁觀。

也就是說，日本除了在青島和德國交火，幾乎沒有參與任何戰爭。戰場舞台主要在歐洲。

第二，迎來出乎意料的大戰景氣。

處於戰爭圈外的日本，看著歐洲各國的經濟陷於麻痺狀態、匯率混亂、海上交易不安定，認為這是拓展工業生產和海外市場的良機。

大戰前，以輕工業為主體的日本工業生產額居農業之後，開戰那年，兩者大體並行。大正四年（一九一五）後半期，交戰國的軍需品訂貨單蜂擁而來，日本國內因軍需景氣而生氣勃勃。進入大正五年（一九一六）後，即迎來做夢也想不到的好景氣。

第三，大戰景氣掀起企業熱。以海運、鐵路、造船為首，金屬、化學、機械、紡織、電力、鐵道公司不停新設或擴張規模，繼而喚醒新的投機熱，結果出現了一批空前的新貴族。

新貴族三大家是礦山（久原房之助[1]）、船船（山下汽船，內田信也[2]）、貿易（鈴木商店）。儘管當時是官尊民卑的時代，他們的氣勢根本不是官員比得上的。例如山下汽船的年輕社員帶官員朋友到某家日式高級酒店，由於客滿，店家婉拒，結果一句「我是山下汽船的人」便讓店家馬上準備了座席，令官員朋友大吃一驚。

新貴族三大家之一，內田信也。

新貴族中，屬內田信也最獨特。他是徒手空拳爬上雲端的人物，經常狂喊「我是神戶的內田，只要是錢，再多也付得起」。不論茶館或妓院，每次都整棟包下，一夜花費數千圓也不喘一口大氣。

任何事業都要攬一把的是女社長合股公司的鈴木商店。該公司總計有六十數家公司，不明就裡地一直投資或收購企業，有陣子成為逼近三井、三菱的新興暴發戶財閥。不過，大戰景氣衰退後，鈴木商店也隨之滾落至無底深淵。

這些新貴族的活躍背景是「暴發戶日本」。

例如大正三年（一九一四）的日本出口總額是六億日圓，三年後增加至十六億，大正九年（一九二〇）更增長至二十億。出口順利，貿易出超，光是一九一五年到一九一八年的四年期間，總計賺了十四億一千萬日圓。

此外，運送費、租船費等非貿易收入，也在這四年期間賺了七億六千萬日圓。

為此，日本的外債從十九億六千萬日圓減至十六億三千八百萬，另一方面，對外國的債權於一九一八年末時增至十九億二千五百萬，日本從債務國一躍成為債權國。簡單說來，日本本身就是個暴發戶。

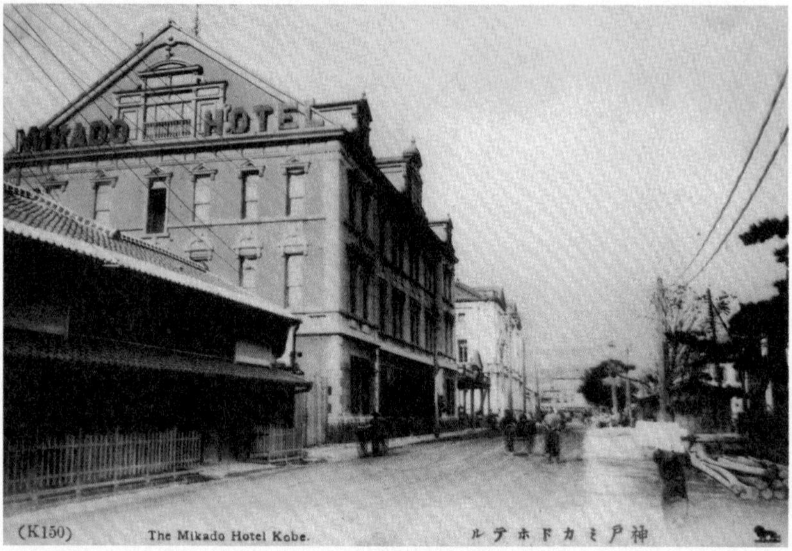
MIKADO HOTEL
(K150) The Mikado Hotel Kobe.
神戸ミカドホテル
1918年因「米騷動」燒毀的鈴木商店（原為飯店建築物）總社。

第一次世界大戰改變了日本的經濟，雖然一部分暴發戶沒多久即沒落，但三井、三菱等壟斷資本的財閥，反倒變得更強大。另一方面，資產階級的敵手工人階級也躍上舞台，勞工運動正式發展起來。

至於日本於第一次大戰中賺得的錢呢？據說都浪費在「西原借款」[3]和西伯利亞出兵，導致景氣下沉至絕望的深淵，到了昭和初期仍無法脫身。

上班族初登場

關東大地震的地獄之火燒毀了江戶的情趣和風景，東京以震災為契機而脫胎換骨。

新東京的驚人變化象徵，是郊外住宅區的開

發，以及為了這些居民階層而出現的新宿、澀谷等鬧區。朝夕的上班尖峰時段，新宿和澀谷無法容納上班族人潮，連交通警察都要趕來處理。三越及伊勢丹百貨公司也是在這時期擠進新宿。

上班族激增的原因，在於日本資本主義的躍進。培育高級官僚的東京帝國大學，向來以法律系為主，卻在大正八年（一九一九）設置了經濟系。京都帝大也成立了經濟系，東京、神戶兩家高商都升級為商大。雖然箇中有種種理由，但主要還是基於日本經濟的需求。

既然如此，在大正時代登上歷史舞台的上班族，會比過去的勞動階級更輕鬆嗎？似乎也不盡然。

漢字「通勤」這個詞，是明治時代出現的新詞，當時在工廠和政府機關工作的人，因職場和住居分開，於是誕生了這個詞。明治十二年（一八七九）的新聞即有「修改通勤時間」的報導，看來這時期便已經很常見了。

在此之前的江戶時代，商人都是住宿傭工的服務制度，沒有「通勤」觀念。到了明治二〇年代，工廠和政府機關的職員都是在市中心半徑五公里內徒步上下班。之後，上班族逐漸遷移至郊外住宅區，鐵路和市營電車、公共汽車等交通工具發達，一下子增加了許多「通勤」的上班族。據說，明治三十二年（一八九九）便開始推出通勤定期車票。

大正時代中旬開始，領固定工資的上班族驟增，集中在都市的人口，變得嚮往生活品質高的郊區。又因為關東大地震，許多災民遷移至郊區，利用電車往返都心的人益發增多。

電車的列車時間表也日益改良，大正十三年（一九二四）時，東京至中野的電車駕駛間隔已經縮短為三分鐘，實在令人吃驚。「交通尖峰時間」這個詞正是在此時出現。

隨著住宅區往郊外發展，電車也隨之發達起來，致使更多人遷移至郊區。昭和初期，「通勤尖峰」已經成為棘手的社會問題。

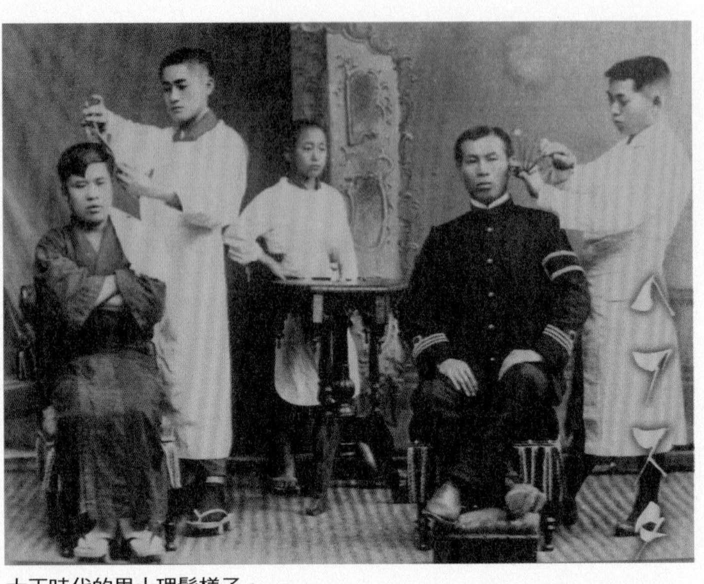
大正時代的男士理髮樣子。

昔日的爸爸族和現代的爸爸族絲毫不變，都要忍耐「通勤地獄」往返公司與家裡，賺錢回來養老婆和孩子。

那麼，一家之主的工資到底有多少呢？

江戶時代，住在大雜院的庶民們，通常以行商或手藝掙得生活費，賺得的錢只能過一天算一天。武士則為年俸制。到了明治時代，以官員和官吏為首，教員、職員等變成月薪制。

明治三年（一八七〇），政府統一了東京府的警察，起用二十歲以上、四十歲以下，身體健壯，並具有某等級程度教育的人。明治八年（一八七五）起，全國的警察名稱從「邏卒」改為「巡查」，等級也分為四級。

當時的一等巡警月薪是七圓，四等是四圓。明治十年（一八七七）時的內務卿伊藤博文[4]的月薪是三百圓，可見警察的工資非常低。

明治三十年（一八九七）左右，一等警察的初次任職薪金是九圓，小學教員八圓。明治二十四年（一八九一）的東京都知事月薪是四千圓。看來，無論明治時代或平成時代，知事的薪水都比老百姓多出許多，雖然他們的公務也比老百姓繁雜。

再來看看大正時代的公務員工資。

大正七年（一九一八）時，約有兩萬名公務

大正時代的工廠。

員，當時一家五口的年間最低生活費是二百圓，但能賺得這麼多的公務員只限全體的百分之〇・三。

例如某小學教員的月薪是二十圓，家裡夫婦兩人、父母一人、孩子兩人，總計五口。米平均消費是一人一天三合[5]，五口的話，一天一升五合，一個月四斗五升。米價格一升二十四錢，一家五口一個月就要花掉十一圓五錢，其他如蔬菜、味噌、醬油、柴火等，一個月需三圓，冬天的取暖火炭費是六圓，煤油六十錢。簡單說來，一個月的生活費至少要二十圓八十五錢。光靠固定月薪根本不夠用。

只是，這時期仍殘留大戰後的好景氣餘波，物價高漲，而且本來一升二十四錢的米於夏天暴漲至四十、五十錢，難怪會發生「米騷動」暴動。

至於商人，直至大正時代中期，仍維持江戶時代的住宿傭工制。

所謂住宿傭工制是小學畢業後就到商家當學徒，吃住都由老闆負擔，之後慢慢升級為二掌櫃、掌櫃、大掌櫃，幸運的話可以分字號自己獨立開店。住宿期間沒有固定工資，除了一年兩次返鄉時，老闆會分發綢緞給店員帶回老家孝敬父母，平日有時也會給零用錢。

對窮人家來說，只要供孩子吃住，父母便可以省去一大筆養育費，因而當時的孩子於小學畢業後通常到都市區的商店當學徒。女孩則去當女傭或幫人帶小孩。

工匠也如此，在師傅家住宿學習手藝時，沒有工資，但不用擔心吃住問題。習得手藝後，賺的是日薪或計件付酬。

月薪制只限公務員和公司職員。

大量消費時代與專業主婦的出現

大正時代於第一次世界大戰結束後，重化學工業興盛，日本迅速發展為工業國家。大戰致使日本國內技術創新，給社會帶來新利益。以全國市場為對象的廣告活動和大量銷售系統也隨之開展，日本經濟充滿活力，迎來大量生產、大量消費的時代。

企業的管理系統騰飛，企業逐漸擴大僱用。資本家和工廠工人之間出現了一批上班族，稱為「新中間層」。現代的日本上班族正是在大正時代誕生的。

此外，丸之內的國有地於明治二十三年（一八九〇）售與三菱企業，之後紅磚大樓林立，成為辦公大樓區。

接著，東京車站於大正三年竣工，丸之內發展為鋼筋混凝土的大商務區。在這個區域，走在街上的人都是穿西裝的上班族，他們在大都市的辦公樓工作，每月領取固定薪資。如此，

大正時代富裕階層的主婦。

1914年，東京車站。

每天在固定時間上下班，獲得固定月薪、獎金、終身僱用的安定人生，並以「新中間層」階級之名引領時代前進。

根據史料，大正末期的上班族初次任職薪金是大學畢業五十至一百圓，當時的木匠日薪約三圓五十錢。女性打字員的平均月薪四十圓，電話接線員三十五圓，事務員三十圓。物價在「米騷動」之後，米一升降為二十五錢，啤酒一瓶三十五錢，出租車則僅限市內一律一圓。

社會整體生活水平提高，中堅的上班族過著相當充實的生活。穿西裝的上班族的地位象徵是萬寶龍和百利金外國製鋼筆、金殼懷錶、柯達照相機等。「今天帝劇，明天三越」成為有閒階級婦女的代名詞。帝國劇場是當代首屈一指的劇院，三越是奢侈品齊全的最高級百貨公司，前往帝劇和三越表示走在時代尖端。

此外，大都市的繁華市街，百貨公司和商店櫛比鱗次，大量販賣各式各樣的商品。西餐廳和西點餐廳也陸續登場，迎來持續至今的大量消費社會。

由於上班族驟增，「專業主婦」也隨之應運而生。

明治時代初期，都市區裡的個體經營戶、商人、手工業者等「舊中間層」的主婦，一般都必須工作。其他如日工、土木工程粗工、車夫等低所得階層的妻子女兒，也必須工作才得以過日子。

領月薪的公務員多半是以前的武士階級，他們的倫理觀是不讓妻子出去工作。再窮的武士也會僱用一名女傭陪在妻子身邊。

大正時代的核心家庭：星期日，帶著妻子和孩子，鬍子老公餵鴿子吃豆子。

第一次世界大戰後的繁榮導致工資高漲，並改變了日本的家族形態。不但出現官僚、律師、辦公人員等新知識分子階層，在都市工廠工作的工人也增多。他們在都市區組成核心家庭，過著與數百年來完全兩樣的生活方式，於是，丈夫負責在外工作賺錢、妻子負責在家做家務帶小孩的新思想也隨之誕生。

例如大正十一年（一九二二）的製造業工資，比起五年前大約增加一・五倍，重工業的成年勞工和貧民階層的工資相對提高，光靠丈夫掙錢也能生活。

根據統計局的調查報告，當時，東京貧窮階層的妻子工作率，在明治時代末期佔百分之七十二，但到了大正時代，減至百分之四十四，大正最後一年更減至百分之九。換句話說，不論中產階級或工人層，妻子不用出去工作也能生活。這就是「專業主婦」出現的背景。

不過，低所得階層家庭的妻子也會在家做副業。副業都是捲香菸、縫日式布襪、黏貼圓扇

大正時代的核心家庭：老公盛的飯，應該多吃點。

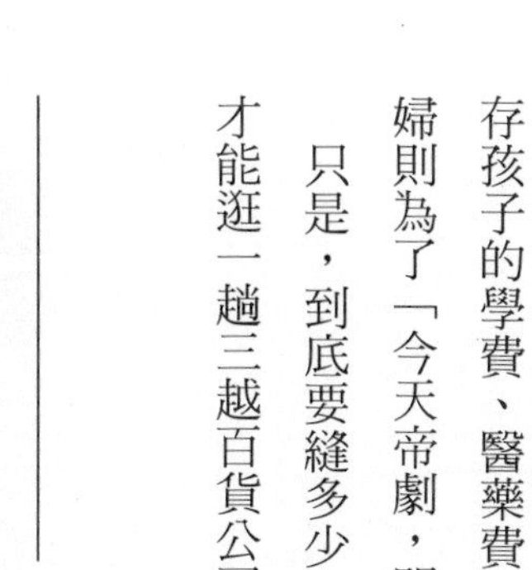

的低廉工資，目的也非補貼生活費，主要是儲存孩子的學費、醫藥費、償還欠款等，有些主婦則為了「今天帝劇，明天三越」。

只是，到底要縫多少布襪或黏貼多少團扇，才能逛一趟三越百貨公司呢？

1 久原房之助（Kuhara Fusanosuke, 1869-1965）。日本近代實業家、大財閥。日立公司、日產汽車等企業的創始人。

2 內田信也（Uchida Nobuya, 1880-1971）。船舶暴發戶，一九二〇年從政界關係得知景氣將陷於蕭條，賣掉大部分資產換得現金，巧妙地避免了沒落。

3 一九一七年至一九一八年間，日本和中國軍閥段祺瑞政府簽訂的一系列公開和祕密借款的總稱。一億四千五百萬日圓全部有去無回。由於日方經辦人是日本內閣總理大臣寺內正毅摯友西原龜三（Nishihara Kamezō），因而在日本史得名。

4 伊藤博文（Itou Hirobumi, 1841-1909）。山口縣出身。明治維新元老，第一、五、七、十任日本內閣總理大臣，第一屆貴族院議長，第一任朝鮮統監。公爵爵位。

5 生米一合約一百五十公克，煮成熟飯約三百四十公克。一般飯碗盛飯時，一碗約一百五十公克，三合生米煮成熟飯大約六、七碗。現代人因為有副食和豐富菜餚、茶點等，另有各種速食，一天吃的米飯量可能比當時的人少。

青年的婚姻實況

如果十五歲至結婚之前算是「青年時代」的話，大正時代的年輕人到底如何度過這段人生最美好的時期呢？

現代的二十歲左右的年輕人，大多數還是學生，但當時這個年紀的男女幾乎都已經在社會上工作了。

根據日本文部省的《日本教育統計・明治～昭和》資料，大正四年（一九一五）時，能夠接受舊制初中、女子學校、實業學校、師範學校等中等教育的人，僅佔全國符合其就學年齡人口的百分之八，即使到大正十四年（一九二五），也僅佔百分之十五。能夠升入大學、高級中學、專科學校等高等教育機關的人，在大正末期僅佔百分之一，而且只限男子。換句話說，高等教育機關畢業生在當時是極為少數的特權階級。

大多數的普通人於十二歲小學義務教育，或十四歲小學高等科畢業後，就得離家出社會工作。因父母貧窮，無法籌備學費，孩子也在小學時便經常幫忙做家務或家傳行業，孩子這方也很想早點出去工作賺錢，以撫養家裡更小的弟妹。

農村青年的日常

大正九年（一九二〇）的國勢調查顯示，當

時的日本人的職業以農業佔首位。雖然農業也依地域、時代而各色各樣，但大部分長子於青年期都留在家裡，一面從事副業，一面幫忙自家務農，之後再自鄰村或其他村莊迎娶媳婦。

例如長野縣的農村，二十至三十歲的女性

明治時代的農村，日下部金兵衛（Kusakabe Kimbei, 1841-1934）攝影。

中，約七成已婚並有小孩，但這七成裡，有半數都在從事以養蠶為主的農業，四分之一在製絲工廠工作。四十歲之後則又回到家裡幫忙農事。

這個時代仍是養蠶、製絲的全盛時代，內陸地區的農村幾乎都與繅絲有關，男性的職業亦有一成與製絲工廠有關，可見並非只限女人從事剝繭取絲的工作，不過，男性的工作集中在管理女工以及購買蠶繭之類上。

根據調查，三成六的男子和三成二的女子，都沒有所謂的「樂趣（休閒）」，僅有兩成男女是「看電影」，但這也要等到大正後期。他們從早到晚都在工作，唯一的樂趣是冬天窩在暖桌取暖打瞌睡。在工廠或城鎮商店住宿的傭工，樂趣是一年兩次可以回老家休息。元旦玩紙牌也是一年一次，眾人聚集跳的「盆踊」[1]則為一年兩次。

雖然大正後期出現電影院，不過，農村男女只能一年一次或兩次結伴到城鎮去看。在製絲工廠工作的人比較有機會接觸電影，要不然就是在九月至十月之間，秋蠶繁忙期結束時，村落的「青年會」向城鎮借來放映機與膠卷，再召集所有村民於村落的桑田上演。「青年會」是大正時代文部省制定的組織。

明治時代的農村兒童，日下部金兵衛攝影。

男子比女子好許多，至少他們還有體育運動的樂趣。

除了棒球，亦有田徑賽，通常在小學運動場舉行。有時是村落內組隊對抗，有時則為村落與村落對抗，包括接力、馬拉松、投標槍、擲鐵餅、扔鉛球等。

據說滑冰也很受歡迎，冬天的諏訪湖湖面會結成一層厚冰，青年們在木屐鞋底釘上鋼鐵，便成為溜冰鞋。沒有鋼鐵時代的青年，則拔掉木屐的豎狀木齒，再裝上用竹子削成的竹釘當作溜冰鞋。不過，當時也只有男子在玩滑冰，女子不參與這種活動。

商店青年傭工的日常

即便有幸出生在都市區，下層家庭階層也佔了六成。這些下層家庭的孩子與農村的孩子一樣，在小學義務教育或小學高等科畢業後就得出去工作。男子多半成為工廠工人，住進商店或工匠家當學徒的人也不少。

下層家庭的父母通常先領走一筆預付款，因而孩子的勞動條件相當苛刻。首先，工作時間不固定，有時從早上到夜晚一直工作十多個小時，女傭也一樣。一個月能有一次假日就已經算是很好的條件，工資也不固定。不過，若是著名的大商店，只要忍耐十多年，便可以分字號，自己獨立開一家店鋪。

大正時代之後，農業人口不變，商業人口卻增多了三倍。一般人認為商業可以用小額資金開業，而且較有賺頭，所以許多失業者紛紛改行。大部分是零售商，勞力只限家人，能夠僱用掌櫃、二掌櫃、學徒等的商店，只限資本金超過五千日圓的大商店。最頂級的大商店正是百貨公司。

資本雄厚的百貨公司採取定時上下班的固定工資制，但一般零售商均採取長時間勞動的住宿傭工制。例如神戶市六六二九家商店中，傭工勞動時間達十二小時以上的佔六成，十五小時以上的佔百分之三十七。

客觀地看，商店傭工的平均勞動時間比工廠工人多出一小時四十分，工資也比工人低。只是，日本商店慣有的溫情主義彌補了此缺點。工廠凡事按規則行事，商店則有通融空間，隨時可酌情應變。

商店傭工的樂趣是一年兩次的長假，以及在稀有假日去看電影或雜技表演，歸途再去吃一碗二錢的蕎麥麵而已。

良家女兒的悠哉日子

大正初期的工廠工人半數以上是女子，其中三分之二是未成年的住宿女工。大多數從事生絲、紡織品、紡織之類的工作，勞動條件極為悲慘。

到了大正後半期，出現各種和男子上班族混在一起的職業女性。這是因為女子中等教育普及、女性的自覺抬頭、家計提高等條件重疊在

大正初期的年輕女子，森川青坡（Morikawa Seiho, 1901-?）畫。

1911年，良家女兒。

一起，「新中間層」的年輕女孩恰好趕上這股浪潮。例如東京丸之內的大廈辦公樓群，裡面將近兩成是女性事務員。

當時的女性平均工資以教員最高，月薪約三十至五十圓，其次是打字員，月薪四十圓，接著是電話接線員，月薪三十五圓，而一般女性事務員的月薪僅有三十圓，約男子的一半或三分之二。

而中上階層家庭所謂「良家女兒」的年輕女孩，於女子學校畢業後，通常專心準備出嫁，閒暇時就到帝國劇場觀劇或到三越百貨公司購物，絕對不去當什麼職業婦女。她們的身分及家庭環境與紡織女工有天地之差。

農村區的婚姻實況

大正時代結婚相當盛行。除非患上重病或精神障礙者，否則男子在二十五歲之前、女子在二十二歲之前至少都會結一次婚。

女子結婚的目的是為了生活，男子則為了尋求可以代做家務和解決性慾的對象。當時，即便當事人不想結婚，左鄰右舍也一定有個好管閒事的人，不時向當事人的父母提出婚事，兒子或女兒也會聽從父母的安排。

根據大正九年（一九二〇）的統計記錄，五十歲之前的男女，已婚者佔百分之九十八，可謂「國民皆婚」的社會。戀愛結婚的例子只佔百分之二、三，其他都是「慣例結婚」。也就是說，連相親見面的過程都省掉，直接結為夫妻。

而且除了相當有錢或有社會地位的人，也沒有小說中描寫的那種華麗婚禮。一般農村通常在夫家舉行個簡單婚禮，新婚夫婦再到近鄰打個招呼而已，當然也沒有新婚旅行。

都市區的婚姻實況

自明治時代起，農村兒女大抵都聽從父母的安排，於夫家舉行個簡素婚禮即結為夫妻，這種慣例一直持續至昭和三〇年代。山村和漁村也大致如此。

但是，都市區可就完全不一樣了。

大正時代後半，中產階級興起一股新潮流，擁有經濟條件的女性開始提出相當具體的結婚條件。例如，「如果是官吏，非三級官以上不可」、「如果是一般公司職員，至少知名公司

大正時代的小家庭，伊東深水（Itō Shinsui, 1898-1972）畫。

大正時代的《家庭雜誌》，1915年9月號。

1 Deel Pl. 3

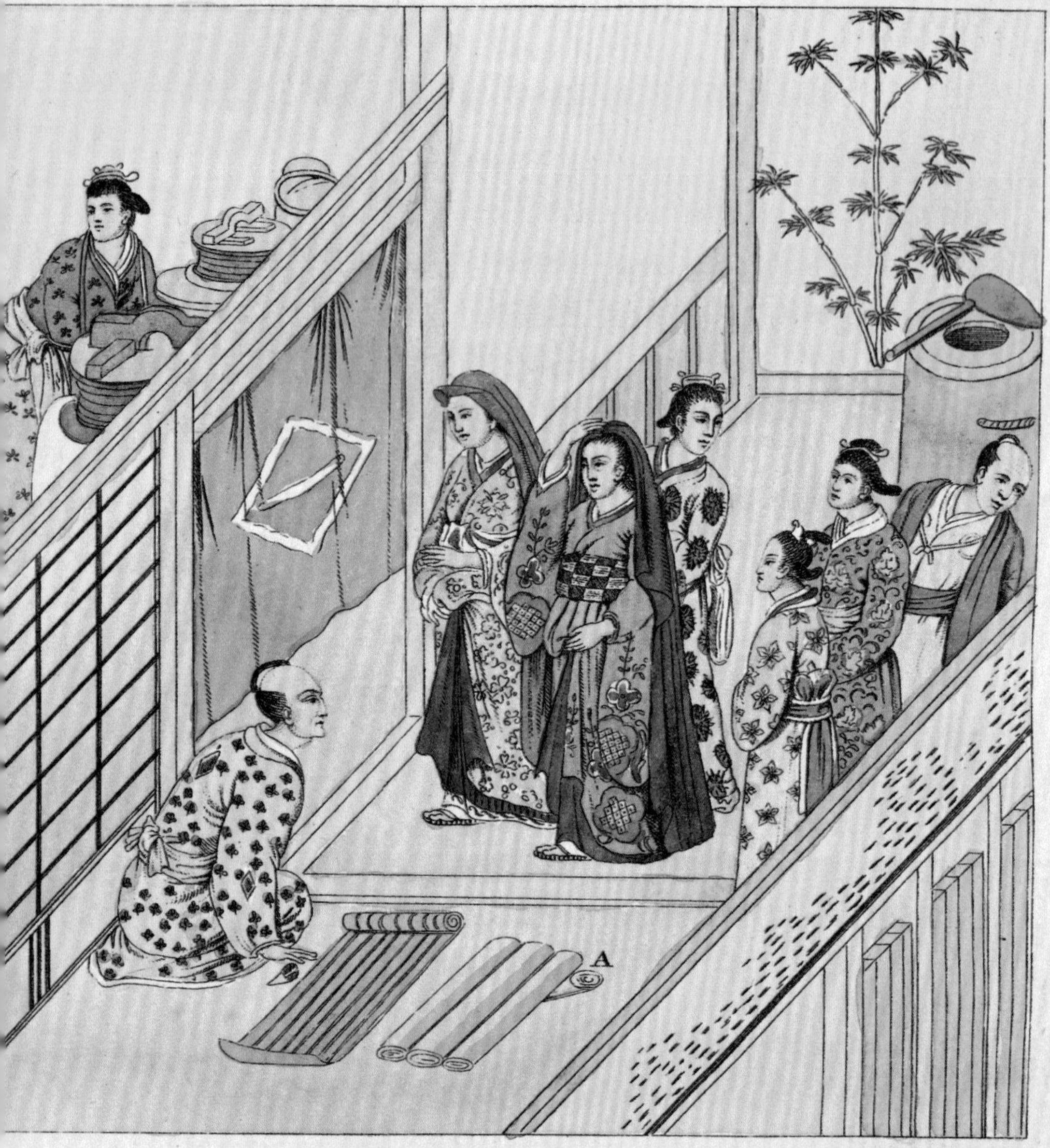

De Bruid, door hare Schoonmoeder, of eenige andere Bloedverwante verzeld, bezoekt allen van welke zy geschenken ontvangen heeft.

1 Deel Pl. 4.

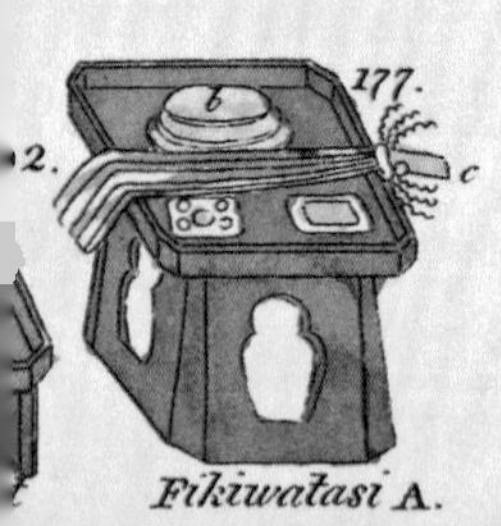

Fikiwatasi A.

Fig. 9. 192.

Doos met 50 Commelmaas.

Fig. 8 192.

5 Pakjes zeelinzen.

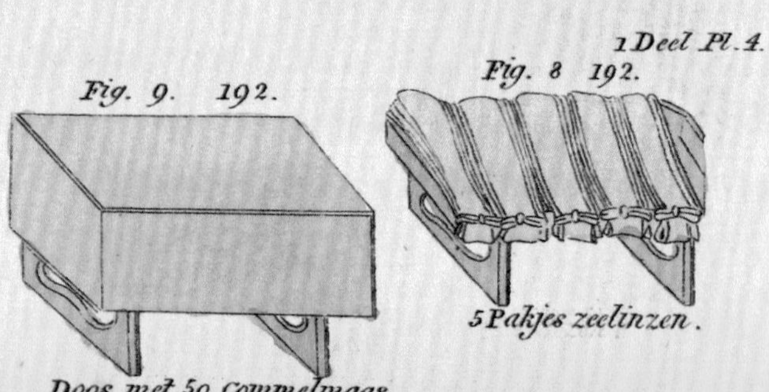

江戶時代的婚禮，Isaac Titsingh（1745-1812)畫。

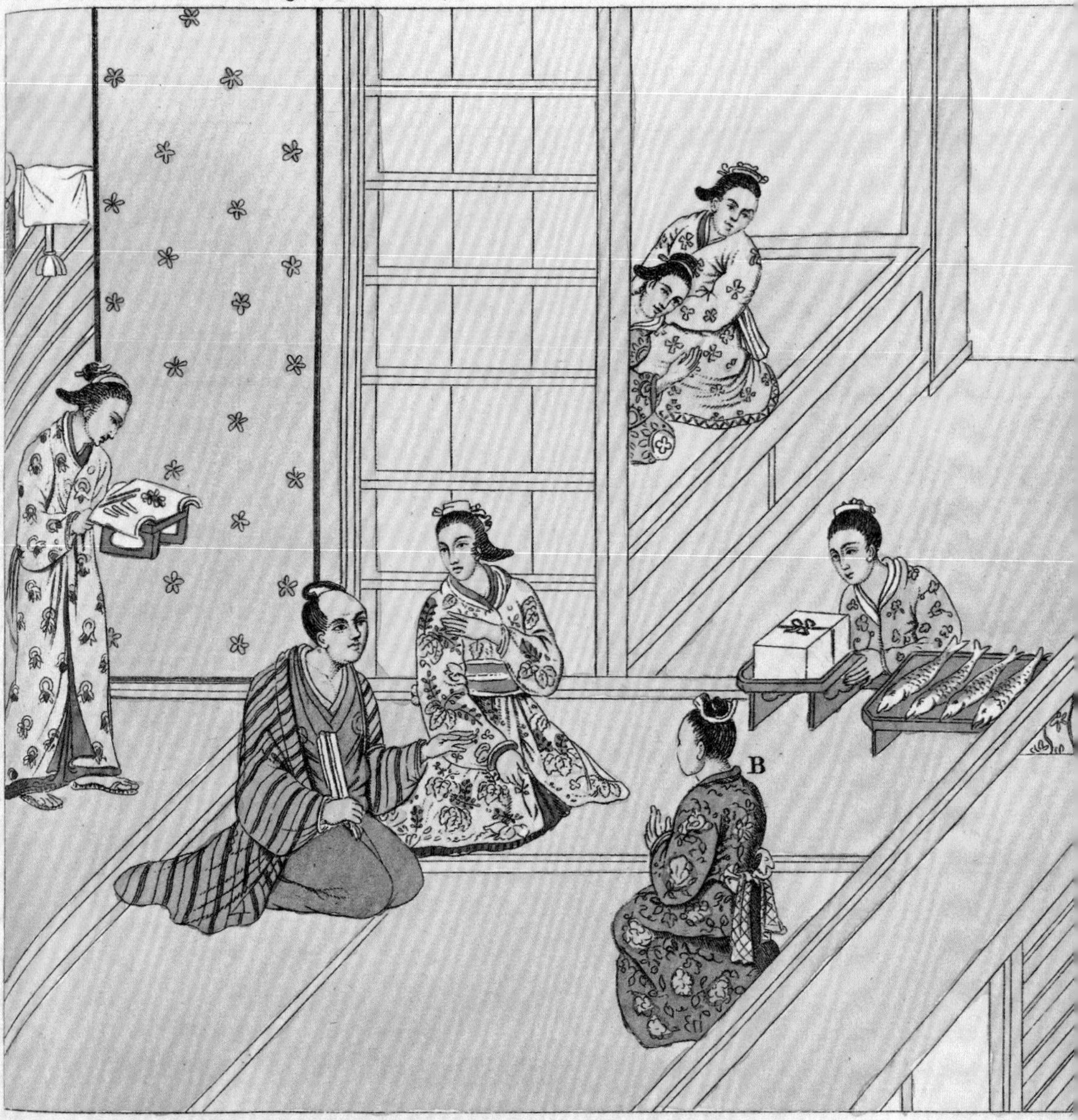

De Bruidegom zendt een geschenk by gelegenheid van het bezoek der Bruid aan hare Ouders.

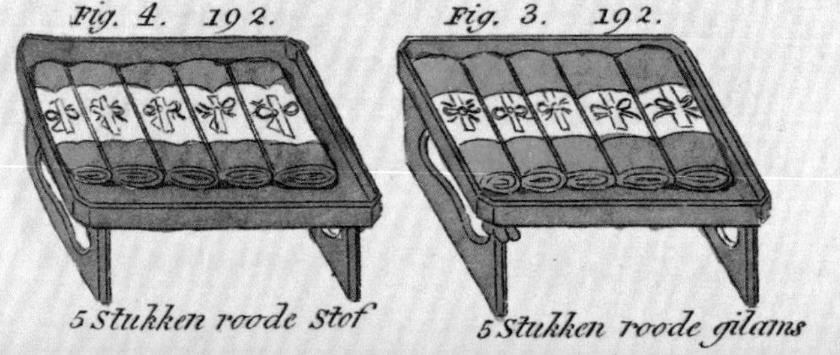

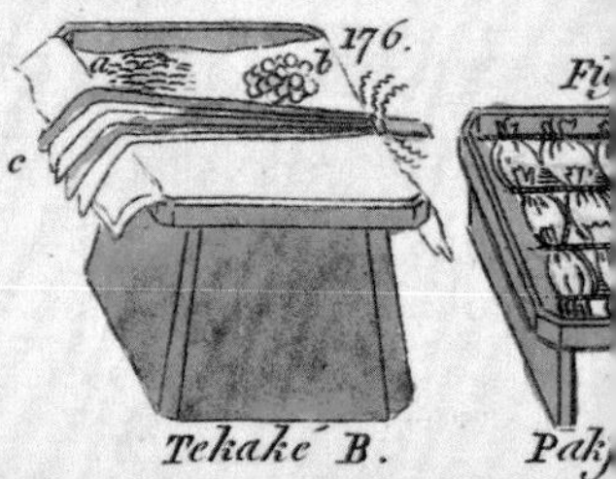

的總公司職員」、「老實的初等教員」、「畢業於高等教育機關的人」、「目前身無分文也可以，但有能力於將來致富的人」、「有本事的人」、「能憑自己的本領爬升至相當高的地位的人」……。

前四項和現代女子一樣，高學歷、高薪酬、固定收入，但後面三項……哎喲喂呀，倘若能在婚前就看出這種男人，我就算主動投懷送抱也想嫁！

此外，中產階級也流行起與現代日本幾乎相同的婚禮形式。雖然男女雙方通常經由熟人介紹，再徵求父母的同意而結婚，但已經開始選擇在專業會場舉行各別宗教色彩的婚禮，婚禮結束後再於其他飯店舉行婚宴，最後是新婚旅行。

因此大正七～八年（一九一八～九），女性雜誌甚至紛紛刊出對豪華婚禮的警告文章，力勸讀者最好舉行簡樸嚴肅的婚禮。尤其第一次世界大戰之後，物價暴漲，媒體苦勸眾人不要為了虛榮而去借錢來舉辦婚禮，並強調簡單樸素的婚禮也可以讓主客盡歡。

然而，大正後期在大企業就職的大學畢業上班族，因為月薪將近一百圓，年終獎金也可以領四個月份的月薪，婚禮愈辦愈豪華。日本作家佐佐木邦[2]有一篇短篇小說〈新婚遊記〉，

大正時代的《性》，1920年7月號（2卷1號）。

發表於昭和四年（一九二九）六月號的《講談俱樂部》，內容描述的正是大正末期至昭和初期的婚禮情景。

小說主角是自東京大學經濟系畢業的新郎，二十八歲，在當時稱譽最高的企業三井物產工作。經校友的介紹，和一名二十一歲、女子學校畢業、律師家的長女相親，雙方都中意，決定舉行婚禮。主角的朋友向新郎推薦自己的最佳體驗：

「婚禮最好莊嚴一點。在日比谷的大神宮舉行吧……那裡有分松竹梅等級。你就選松等級，二十五圓。」至於婚宴，「築地的精養軒最好……（日本料理拖時間）選西餐……新婚旅行非熱海不可……四夜五天。」

新郎完全同意這位朋友的建議。參加婚禮的人是親屬三十名，婚宴則多了同事和朋友，總計七十名。

只要把熱海換成海外或京都、北海道，與現代的日本典型婚禮模式幾乎毫無差異，這應該是當時東京「新中間層」男子的理想婚禮。

換句話說，對當時具有社會地位以及經濟條件的「新中間層」男子來說，景氣或不景氣根本無關，他們舉行的正是這種婚禮。

1 盆踊（Bon Odori）。眾人聚集跳的舞蹈，專注於手部動作，類似今日的Para Para。

2 佐佐木邦（Sasaki Kuni, 1883-1964）。作家、英文學者。作品主角多為昭和初期的工薪階層，焦點為家庭式的幽默。其中十八部作品被拍成電影。

PART 1 —— 多彩的都市文化與生活

餐桌風景大不同

洋食成為新中間層的最愛

戰爭景氣不但令農產品提高品質，消費數量也增高，米需求有增無減。

主要原因是農村人口流向都市，從事工商業的人驟增。其次是所得增加，大眾由長期以來的麥食轉而愛吃米飯。但是對大部分人來說，米仍是奢侈品，生產米的農民甚至難得有機會吃上一頓白米飯，農村的飲食生活和明治時代沒有多大變化。

不過，「新中間層」家庭的飯桌則經常出現可樂餅、炸豬排、奶油燉菜、咖哩飯等西餐。當時流行一首歌，歌詞是「今天又是可樂餅，明天也是可樂餅，娶了老婆很高興，天天都是可樂餅」。這正是當時的小資產階級的飲食生活象徵。

在大正時代的飲食文化中，最具代表性的素材是馬鈴薯。大正中期，媒體極力宣傳馬鈴薯的利用價值，並給予很高評價。馬鈴薯的需求增加至明治時代的一・五倍。

只要少許絞肉，將馬鈴薯蒸熟後壓成泥狀，依序裹上麵粉、蛋液、麵包粉，放入油鍋炸成金黃色，即成為一道香噴噴的家常菜可樂餅。馬鈴薯燉肉也是當時的家常菜之一，更是「新中間層」的媽媽的味道。其他另有雞肉、白奶油醬魚塊、黃油煎魚等奢侈菜單上桌。

左頁圖：大正時代的啤酒海報。

サクラビール
帝國麥酒株式會社

這些料理的附加物，例如洋蔥、甘藍、胡蘿蔔、菠菜等西洋蔬菜的需求也明顯大增。不過，動物性蛋白質食品還很少，一人年間畜肉消費量不及十公斤，魚肉也僅有二十公斤。

飲食西化最顯著的變化是嗜好品和飲料的增長。大戰景氣令經濟寬裕的「新中間層」開始有餘裕吃白砂糖製成的西點。小市民孩子最憧憬的糖果是森永公司的牛奶糖，板狀巧克力只限富裕階層的小孩才能吃得到。

刨冰和彈珠汽水在明治時代初期即上市。到了大正時代，飲料形成兩極化，「新中間層」以上的人愛好冰淇淋和蘇打，刨冰和彈珠汽水變成平民飲料。

咖啡的需求在大正初期四年期間暴漲四倍。不過，只限咖啡廳、西餐廳和酒店，家庭流行喝紅茶，不喝咖啡。到咖啡廳喝咖啡的人也不是因為喜歡，而是為了炫耀。

啤酒店等的啤酒需求也在大正時代增加了四倍，成為大眾化飲料。葡萄酒、威士忌、白蘭地、琴酒之類的洋酒，仍是資產階級在洋酒酒吧及咖啡廳喝的奢侈品，一般大眾無論肉食或在外邊吃飯，依舊只愛喝傳統的日本清酒和燒酒。

德國戰俘的麵包

麵包本來是軍隊伙食，到大正時代也一樣。

日本參與第一次世界大戰攻擊德國租借地青島時，將四千七百多名德國戰俘全送到內地。俘虜在日本國內受到厚待，唯一的不滿是麵包太難吃。他們表示「材料不壞，但烤麵包技術太差，所以難吃」，於是要求讓他們自己製作麵包。

日本政府答應戰俘的要求，讓他們的麵包師傅前往日本的麵包店。結果，這些師傅用德國爐烤出的德國麵包味道，竟然恰好合日本人的口味。如此，日本的麵包企業向德國戰俘學習了德國麵包製法。小型德國爐很適合小規模麵包工廠佔多數的日本，因此，德國式麵包製法便在全國各地普及。不僅麵包，帶餡甜麵包以及蛋糕都是德國式。

德國麵包師傅為日本帶來的影響，不僅麵包的普及。第一次大戰結束後，約有一百七十名俘虜乾脆定居日本，自己開設麵包店或成為日本麵包企業大廚，有些人則開餐廳或經營奶酪牧場。

大正八年（一九一九），東京淺草又出現一家平民麵包食堂，「麵包黃油、蔬菜湯、紅茶」一套十五錢，價格便宜，廣博小資產階級的人氣。

關東大地震引發大眾食堂普及

對現代日本上班族來說，既便宜又好吃的經典速食應該是牛丼（日式牛肉飯）。大正時代的上班族則是當時剛登場的大眾食堂。

現代日本隨處都可以見到大眾食堂，價格便宜，而且一家店就能享受日餐、西餐、中餐等各種味道，但在大正時代，這種食堂是嶄新風格的前衛飯館。

福岡縣北九州市榮町銀天街的「平民食堂」，創立於大正時代，目前已不再營業。（photo: Nissy-KITAQ）

起因是大正七年（一九一八）發生的「米騷動」，當時物價暴漲，米價更貴得嚇人，在那個中堅上班族月薪約四十圓的時代，一家四口一個月的米費竟然佔了將近四成，負責管理家計的主婦大概吃了許多苦頭。

很多人為此而難以維持生計，出現不少三餐不繼的人。翌年，神田慈善協會為工讀生設置了快餐食堂，之後，東京各地也設置了價格便宜的公立快餐食堂。快餐食堂大受歡迎，令大正庶民大排長龍。

之後，大正十二年（一九二三）九月一日，東京發生關東大地震。這場空前未有的天災令東京付之一炬，成為宛如野火燒過的原野。翌年三月，東京神田的廢墟，出現了一家仿效快餐食堂的大眾食堂。這家大眾食堂名為「須田町食堂」，是日本第一家大眾食堂，創辦人是加藤清二郎[1]。

當初僅有八名工作人員，二十五座席，招牌菜單是炸豬排和咖哩飯。

當時的日本飯館，均分為西餐、天麩羅、蕎麥麵等專賣店，各賣各的。現在出現在同一家便能吃到各式各樣的菜色，而且價格便宜的快餐風格飯館，立即抓住大正庶民的心。何況在「須田町食堂」可以吃到廉價的咖哩飯和炸豬排，馬上有口皆碑，客人紛紛趕來。

開店當天就大客滿，十一月又在京橋開設分店。翌年，陸續在日本橋、銀座、上野、淺草開設分店，之後也不斷擴展分店。為了抑制成本，「須田町食堂」採取由總部負責大量進貨和食材加工的連鎖店方式。

恰好那時已經出現「新中間層」的上班族，新登場的大眾食堂剛好趕上這股上班族熱潮，經常座無虛席。為此，因關東大地震而必須重建的許多飯館，也爭先恐後地將內部裝修為桌子、椅子式的快餐食堂風格，大眾食堂便不脛而走。

據說連蕎麥麵店也為了與食堂對抗，菜單上多了咖哩或日式豬排飯，難怪現代的蕎麥麵店菜單都有日式豬排飯。由此也可看出當時的大眾食堂的氣勢。

如此，曾經是破天荒風格的大眾食堂，直至一百年後的今日，依舊是上班族的最愛。

至於「須田町食堂」，每年以增設四、五家分店的速度持續擴大，到昭和一〇年代，分店多達八十九家。昭和三〇年代時又進軍觀光、飯店、溫泉行業，之後更改公司名稱為「聚樂」，不斷擴大事業。

創業當初的「須田町食堂」則於二〇〇六年在東京秋葉原UDX復活。

圓形卓袱台之前的西餐桌。

從「食案」到「卓袱台」

現代的日本家庭已經很難有機會看到「卓袱台」[2]。

不過，日本人至今仍對「卓袱台」懷有深刻印象。無論是在電影、電視劇或動漫中，都可以看到舊時代的日本家庭一家人圍坐「卓袱台」吃飯的光景。而「翻桌」[3]也成為日文慣用語，現今媒體仍在使用。「卓袱台返し」本來的意思是一家之主的父親在怒不可遏的狀態下，將整個「卓袱台」翻掉，導致桌上的飯菜碗盤滿天飛；現在則引申為領導使用強權，讓下面的人換掉全部企劃或規格。我想，應該是下面的人最想「翻桌」。

「卓袱台」的「卓袱」據說源自中文的「桌袱」，意指餐桌和桌布。長崎有一種名為「桌袱料理」的長崎特色飲食文化，用餐時大家圍坐圓桌旁，直接用筷子從盛菜的大盤子夾菜。大盤子盛的是日本料理、中國料理以及東南亞料理、荷蘭歐風料理，在結婚喜宴等人數多的喜慶場合經常出現。

「卓袱台」普及於一般家庭是在明治時代中期，歷史相當淺。在這之前，日本人從來不和其他人一起坐在餐桌前用餐。每個人各有各的「食案」，就是有桌腳的木盤，上面盛著飯菜，自己吃自己的。這正是日本料理之所以都是套餐的理由。

「食案」有很多種類，貴族用、大名用、茶會用等，依身分和場合而決定。一般庶民家庭也有區別，戶主的食案和其他家屬不同。

這種飲食習慣和封建社會的主從關係、身分階級制度有關。自從日本形成武士階層以後，武士門第的舉止禮法也滲入其他身分階級。即便庶民家庭，一家的戶主，亦即父親或丈夫是頂梁柱，居至高位置，家族中也隱然存在著長男、次子身分制度，最後形成父權的「家父長制」。

明治時代之前，一般不允許身分不同的人同桌吃飯。

破壞此秩序的正是「卓袱台」。

明治時代的「文明開化」潮流引進各色各樣的西洋文化，有人將西式餐桌改良為適合日本人住居以及跪坐習慣的「卓袱台」。不料這個「卓袱台」實在太厲害，竟然給「家父長制」砸了一個大窟窿。難怪爸爸會氣得翻桌。

家庭的「食案」變成「卓袱台」的轉折點是自來水的普及，就東京來說，正是關東大地震以後。自來水令一般家庭實現了吃完飯可以立即洗滌餐具的衛生思想，「卓袱台」則令大眾實現了父母和子女不分身分平等圍坐，大家直接用筷子在同一個盤子夾菜，一面說笑一面吃飯的夢想。

大正時代至昭和時代前半期的日本家庭餐桌形象，絕對少不了「卓袱台」。

其實食案方式也有它的優點，不用等眾人聚齊，有空的人先吃，吃完後自己收拾食案。但食案方式少了一家團圓的氛圍。

「卓袱台」普及後，日本人才開始於吃飯前及用餐後說「我要開動了」[4]、「我吃飽了」[5]。

不過，就算「卓袱台」普及於一般家庭，父親照樣受特殊待遇的家庭也不少。而現代上班族因很晚才回家，趕不及一家團圓的晚餐時間，餐桌上擺的是一人份飯菜，這跟食案方式簡直沒兩樣。情況慘一點的上班族爸爸，可能還得自己動手用微波爐熱自己的飯菜。

基於封建時代的身分階級制度而形成的個人食案習慣，其實也承襲至今。刀叉、湯匙等西餐餐具是家屬兼用，筷子和飯碗、茶碗則非自己專用的不可，家人也不能共用。這明顯是個人食案方式時代的遺風。

1 加藤清二郎（Katō Seijirō, 1898-1982）。日本的食堂王。

2 卓袱台（Chabudai）。摺疊式四腳圓桌。

3 翻桌，原文為「卓袱台返し」（Chabudai Kaeshi）。

4 我要開動了，原文為「いただきます」（Itadakimasu）。

5 我吃飽了，原文為「ご馳走さま」（Gochisōsama）。

PART 1——多彩的都市文化與生活

服裝潮流變遷

陽傘、懷錶、眼鏡，男性社會地位的新象徵

大正時代即將結束的大正十四年（一九二五）五月，以生活學開拓者今和次郎[1]為中心的研究小組，進行了一項「東京銀座街風俗調查」。這是一份觀察銀座行人的服裝記錄，期間為五月上旬至中旬的四天裡，總計一四一六人，行人的服裝、攜帶品等均做了詳細分類。

根據記錄，穿西服的男性佔百分之六十七，和服佔百分之三十三，女性幾乎全是和服，洋裝僅佔百分之一。

當時由於氣候問題，男性穿風衣或雨衣的人較多，裡面則為黑色、藏青、條紋西服，鞋子是棕色長筒靴或皮鞋。無論穿西服或和服的男性，頭上一定戴著一頂帽子。可見東京銀座的男性西服已經日常化。

據說，大正時代的男性於晴天也會隨身攜帶洋傘當作手杖。

明治時代的人用的都是江戶時代以來的油紙傘，洋傘則因為打開傘時很像蝙蝠展翅飛翔的樣子，當時的人稱為「蝙蝠傘」。這個在金屬製傘骨貼上布料的「蝙蝠傘」，正是我們現在用的傘。

洋傘於江戶末期即在日本登場。最先傳入日本是幕末時期一八六〇年，遣美日本使節團負

責人在美國購買洋傘帶回日本。但那個時候的日本正處於攘夷論興盛時期，連西裝也成為批判對象。同行的福澤諭吉[2]在美國看到洋傘時甚至向身邊人說：「如果在日本撐這個，一定會遭浪士砍死。這個只能偷偷在自家撐，其他毫無用處。」

之後，橫濱設立居留地，開始進行軍隊西式訓練時，洋傘已經不稀罕，而且與和服相配，街上可以看到一般人隨身攜帶洋傘了。

跨入明治時代後，洋傘成為文明開化的流行代表。然而，由於洋傘是進口貨，價格相當昂貴，男性即便隨身攜帶當作手杖，碰到雨天時也捨不得撐。明治五年（一八七二）報紙曾報導，某知識分子出門帶著洋傘，途中遭下雨，結果該人竟用油紙傘保護洋傘，自己淋得一身溼透回家。

明治時代開始出現手杖、帽子搭配和服的打扮，1902年，水野年方（Mizuno Toshikata, 1866-1908）畫。

明治十年（一八七七）左右，日本國內開始製造洋傘，卻因為傘骨有溝槽，製造困難，只能仰賴進口。普通品的傘布用棉布，高級品則用絲綢，不管用什麼布，對庶民來說都是奢侈品。

直至明治十四年（一八八一）前後才開發出國產傘骨，老百姓總算買得起。當時，由於夏天當陽傘用，盛夏時通常用白布製作。根據明治二十九年（一八九六）的調查，東京的洋傘店總計二百三十三家，日式傘店只有六十三家，和、洋完全逆轉。

傘布的花樣也變得豐富，除了黑色、藏青、棕色，也有花紋布；傘柄有標準的木製，和高級的紫檀、烏木、象牙製等，洋傘逐漸成為時尚用品。尤其男性很愛模仿歐美男性的持手杖習慣，即便不下雨也會隨身攜帶一把洋傘，蹬、蹬、蹬地走在街上。都市區到處可見把洋傘當作手杖的紳士。

不過，儘管國內的日式油紙傘需求遞減，但英國與清國的日式油紙傘需求增大，出口增長導致國內的油紙傘生產量反倒驟增。為此，擅長製作油紙傘的武士家庭，紛紛將副業改為本職工作。

眼鏡也是紳士的象徵之一。

在「西南戰爭」取材的日本作家、記者福地源一郎（Fukuchi Genichiro, 1841-1906）的服裝，1885年，小林清親（Kobayashi Kiyochika, 1847-1915）畫。

眼鏡在明治時代也靠進口，由於是實用品，立刻成為熱門貨。

江戶末期雖然也有進口眼鏡，不過數量很稀少，僅限有錢人才買得起。到了明治時代，那些為了前途而拚命讀書的書生、政府官吏以及學校教師等，需要矯正近視的人增多，眼鏡便迅速普及。

而且眼鏡比較容易得手，因此眼鏡不但是文明開化的代表，同時也是社會地位的象徵，成為一般庶民憧憬的配件。結果，連沒有近視的阿狗阿貓也戴起眼鏡，形成全民眼鏡社會。

另一樣男性社會地位的象徵是懷錶。

江戶時代的庶民必須仰賴報鐘的鐘聲方得知時刻。第一座報鐘於一六二六年設置在日本橋石町。之後，上野、淺草、市谷八幡、四谷等地都設置了通告時辰的報鐘。不過，住在鐘聲範圍內的居民都要繳「鐘雜稅」。

明治時代以後，開始進口西洋時鐘，起初只有富人才買得起，尤其懷錶更是貴重品。一般老百姓即便擁有懷錶，也看不懂錶盤，明治二年（一八六九）的報紙就有刊載解說鐘錶看法的文章。

江戶末期，幕府派遣海軍留學生大野規周[3]到荷蘭學習鐘錶技術。大野規周在六年後回國，於明治九年（一八七六）製作了一座大時鐘。這座大時鐘保存至今，收藏在造幣局博物館。翌年，大野規周又讓兒子到瑞士學習鐘錶技術，兒子於三年後回國，開設了鐘錶工廠。

明治二十五年（一八九二），服部金太郎[4]設立了「精工舍」（精工公司），於明治時代末期成為代表日本的鐘錶製造公司。之後又提高技術，開始出口至外國。

手錶則在明治三十五年（一九〇二）左右上市，起初在手臂纏著懷錶，後來才製造專用手錶。日俄戰爭時，軍人和學生很流行手錶，之後才製造女性專用手錶。

明治時代的城市，學校和行政機關、鐘錶店都有鐘樓，家裡沒有時鐘或懷錶、手錶的人，只要走在街上便可以免費得知時刻。

女性服飾與時俱進

以居家生活為主的女性服裝，由於沒有必要改變，照樣習慣穿和服。當時洋裝還很稀奇，請人做衣服的價格也很貴，何況男性的封建意識仍未西化，因而女性的洋裝遲遲無法普及。

對當時的日本女性來說，和服是一種憧憬，同時也是一種財產。和服可以拆掉重縫，一件和服往往能穿一輩子。再且，當時的一般女性對洋裝的偏見根深柢固，只要有人穿洋裝，立即招引一堆人圍住，認為穿洋裝的女子不是女演員便是外國人的小老婆。

大正初期，女子的日本髮型已經減少許多，大多是西式束髮。和服花樣通常是極為樸素的小條紋，年長者習慣穿近乎黑色的和服。明治時代後期至大正時代，年輕女子流行在襯領刺繡，少女則流行穿披風、頭髮上綁一個絲綢大蝴蝶結。

大正中期，雖然發生「米騷動」及第一次世界大戰後的不景氣，和服卻變得多采多姿，女性於平日也開始穿起絲織品。合成染料國產化成功後，和服花樣變成鮮明色彩的西洋花紋，

明治時代後期開始的女學生衣著流行，1903年，水野年方畫。

大正時代的簡便連衣裙，竹久夢二（Takehisa Yumeji, 1884-1934）畫。

大正浪漫氛圍也逐漸濃厚起來。

女性外出時必定穿的短外罩，質地換成輕薄的喬其紗，庶民雖然穿不起洋裝，卻也會用披肩和戒指來打扮自己。

女學生的制服比較有顯著變化，明治後期的女學生制服規定是葡萄茶色（絳紫色）或紫色褲裙，大正七年（一九一八）左右，關西的教會學校出現明亮淺藍色褲裙，有些追求時髦的學生還將褲裙改為百褶裙，相當自由。大正八年（一九一九），東京的山脇學園打先鋒採用洋裝制服，不久，其他女子學校也陸續換為洋裝制服。大約在大正末期至昭和初期，女學生的制服逐漸演變為現代的藏青色水手服。

女子洋裝化的另一個潮流是職業婦女的服裝。護士在明治時代便已經換為洋裝，公共汽車乘務員的制服也在大正九年（一九二〇）改為洋裝，但其他職業沒有制服，完全由自己決定想穿什麼。也因此，學校教師、電話接線員、公司事務員、雜誌記者、紡織女工都以和服為主。

簡便連衣裙的橋梁作用

洋裝普及化的最大契機正是關東大地震。火

星飛到和服的袖子、腰帶時，女性無法馬上脫掉，眾多女子因此而喪命，這才強烈地認識到洋裝的方便。有工作的女子以紡織女工數量最多，震災後，女工制服全部變成洋裝。

震災後生活陷於窮困的女性增多，職業婦女也隨之增多，洋裝逐漸從有波形褶邊的長袖和裙子，演變為直線條的襯衫和短裙。

關東大地震帶來的劃時代變化是大正十二年（一九二三）末上市的簡便連衣裙。發源有諸說，但是，質地是便宜的棉布，不用穿貼身襯衣也可以直接穿在身上，光腳穿著木屐也能出門，於是迅速普及於一般女子之間。

家庭主婦穿了簡便連衣裙後，第一次真正理解洋裝的方便。之後，眾人對洋裝的敵視漸漸淡薄，這才逐漸步上全民洋裝的路程。簡便連衣裙起了和服與洋裝的橋梁作用，接著又增加設計種類，樣式也變得好看，連中等富裕層的主婦也當作家居服而流行起來。

至於大正末期至昭和初期，令媒體大肆報導的短髮、短裙的「摩登女子」風格，因為大眾不接受，認為她們太輕薄，也就沒有在一般女子之間扎根。

關東大地震後的內衣革命

明治時代的國策是近代化、西洋化，雖然一部分人積極接受西裝和洋裝，但他們在西裝和洋裝裡面穿的依舊是傳統的日式內衣。日本人的男性傳統內衣是兜襠布，女性是一件柔軟質地的中衣，下身配中裙和襯裙。

明治三〇年代，女性雜誌頻繁介紹洋裝以及西式襯裙、束腹、緊身胸衣等，但到了大正時代，連咖啡廳女服務員之類的時髦職業也是穿和服，內衣當然是中衣、中裙和襯裙。

和服的內衣樣式是寬鬆裹著身體，西洋的內衣則緊貼身體，兩者的皮膚觸覺和穿著感覺都完全不同。此外，當時的日本人對身體的意識比現代人開放，缺乏必須隱藏身體隱私部位的觀念。

另一方面，和服多少受到西洋內衣的影響，出現一些用來改善胸部形狀的「美容內衣」。但是，那時的日本女性並非為了讓胸部挺起或強調三圍，而是為了壓平胸部，不讓胸部突出。據說，當時的女性認為大胸部很可恥，是粗俗女子才有的身體構造。

大正時代，都市區的女子升學率劇增，許多父母是為了女兒出嫁時，學歷可以當嫁妝之一，女子本身則大部分出自上進心。這些女學生的制服通常是洋裝，也就比較容易接受西式內衣。至於一般大眾，則要等到關東大地震之後。例如搭乘電車或公共汽車的踏板時，下半身多穿一件襯褲比較不會出醜。

但女性的襯褲、胸衣真正普及於民間的契機，是昭和七年（一九三二）十二月，東京日本橋的白木屋百貨公司發生的火災。這場火災造成十四人死亡，輕重傷者五百名以上。十四名死者中，只有一名燒死，其他十三名店員都是墜落致死。

白木屋百貨公司是八樓建築，火苗從四樓竄起，結果四至八樓全燒毀。高層樓的女性為了避難，連接繩索及和服腰帶當作緊急救生索，沿著牆壁往下爬時，風從下方往上吹，和服下襬隨風飄蕩。由於女性沒有穿襯褲的習慣，一

白木屋的海報。

些女性為了按住下襬，用隻手抓住救生索，導致墜落。

媒體大肆報導此事，還配上隻手按住下襬、隻手抓住救生索的女性照片，標題都是「女性的警鐘，生與死，全在有無穿襯褲」之類。這些報導傳到外國，引起眾多同情。

事實上，隻手按住下襬、隻手抓住救生索的這些女性確實摔落了，但沒有致死，多是負傷。真正摔死的女性全因繩索燒毀、吸入濃煙等，其中有三名女性耐不住大火燒烤，自己跳下。

也就是說，確實有不少女性因羞恥而墜落，但不包括「摔死」的女性。媒體將這兩件事兜成「事實」，於是，「因沒有穿內褲而摔死」的說法便逐漸成為一種都市傳說，流傳至今。

不過，因為媒體如此報導，百貨公司立刻下令所有女性職員都必須穿襯褲，

1911年，白木屋的陳列場。

並將和服制服改為洋裝。一般日本女性也跟著積極接受了西式襯褲和胸衣。

1 今和次郎（Kon Wajirō, 1888-1973）。民俗學研究者。

2 福澤諭吉（Fukuzawa Yukichi, 1835-1901）。大阪府出身。思想家、教育家，東京學士會院首任院長，私立大學慶應義塾大學創立者，明治六大教育家之一。

3 大野規周（Oono Norichika, 1820-1886）。精密機械技師。

4 服部金太郎（Hattori Kintaro, 1860-1934）。日本企業家，精工公司（SEIKO）創辦人。

1911年，白木屋的陳列場。

PART 1——多彩的都市文化與生活

休閒餘暇活動

從早做到晚的東京下層階級

大正時代正是東京轉型為大都市的時期。不過，即便在最時髦的銀座，只要繞進大道兩側的小巷，依舊殘留著濃厚的明治時代氛圍。首都東京這個硬體忙著發展為近代都市，市民的自主性和自治組織等軟體方面，卻都比江戶時代差。雖然合理的歐美文化已經普及，但真正能享受的人只限一部分市民。

如果以納稅額來區分東京市民的話，具有選舉權、納稅額十圓以上的家庭，約二十萬人，此階層是上流社會。大正十年（一九二一）獲得選舉權、納稅額二圓以上的家庭，約六十萬人，這個階層是中等社會。剩下的一百二十萬以上的市民則為下層階級。換句話說，約六成人口是下層社會。

而下層社會又分為兩層，上層約一百萬人以上，下層約二十萬人。下層階級的下層即為貧民。

因此，市民的餘暇活動也根據社會階層而有很大差異。譬如，大正十五年（一九二六）的報紙報導，「由於今年下雪時期比往年早，鐵道省大力宣傳滑雪最佳地點」，光看標題，現代人會誤以為一般市民也在流行滑雪。但是，當時不要說滑雪或高爾夫球，連棒球和網球都是一種社會地位象徵。何況大正時代中等階層以下的市民，沒有現代人的週休二日制，當然也就沒有類似現代人的「連假出遊哪裡玩」的餘裕。

我們先來看看大正人的勞動時間。

根據《東京市統計年表》，勞工十人以上的工廠，工人的一天平均勞動時間約十一至十二小時。就算比較舒適的現代產業，也有一天十六小時的工廠。小市鎮的小工廠工人，除了吃飯時間，通常從早上做到夜晚。因此，除了假日，下層階級應該沒有所謂的餘暇時間。

一年的平均工作日是三百一十至三百二十天，大約每隔七天至十天可以休息一天。再考慮到元旦期間的連假，一個月若可以休息四天就算很好的了。只是，能夠成為統計樣品的人，通常處於比較優渥的環境，大部分的商業區工匠和店員，假日都固定在初一和十五日這兩天。

第一次世界大戰後，國際勞工組織制定了國際勞工公約，一天工作時間八小時、一星期四

東京規模最大的貧民窟，四谷鮫之橋，根據1898年調查，大約將近1400戶，人口4900以上。

十八小時的勞動系統滲入歐美諸國，工人可以出門度假。但東京的下層階級，只能每天往返職場和自家，回家後不但沒有電視也沒有收音機，始終持續著為了三餐而工作的生活。

因為他們太窮了。

對他們來說，賺錢養家是首要問題，根本沒有餘地考慮餘暇。只要能賺錢，即便加夜班也無所謂。再者，雖然勞動時間長，假日少，但當時的時間比現代流動得更緩慢，而且隨四季變遷更換生活風格，可以適當地發散精神壓力和身體負荷。

大正時代的東京仍承繼著江戶時代以來的各種例行活動，即使不能全民參與，也可以體味到彷彿自己也參與了的氣氛。此外，雖說是都市生活，大半的人也都過著規律的生活，不像現代人那般經常熬夜。

東京的下層階級大半是外地人，勞動形態各式各樣。在產業發展時期，居民來來去去的狀態很常見。尤其關東大地震後，人口變化激烈，流動人口非常多。正是受到流動人口的影響，大正時代初期和末期的餘暇活動有明顯變化。

大正時代僅有十五年，但在這短暫期間內，因交通工具發達，人們的行動半徑擴大，可一天內來回的餘暇活動也隨之增多。

博覽會、賞花、電影三大餘暇活動

大正時代的三大餘暇活動是博覽會、賞花、看電影，半數以上的市民都參與或去過。根據《東京市統計年表》，總計一百萬至一千萬人次。其他如參拜神社或寺院的次數也相當多，只是市民沒有視參拜神社或寺院為餘暇活動的觀念，對當時的人來說，只是一種日常消遣娛樂。

大正期間，光是國家主辦的大活動便有元年的明治大喪、天皇誕生日（二年）、東京大正博覽會（三年）、戰捷博覽會及天皇即位慶典

（四年）、海洋博覽會及婦幼博覽會（五年）、東京奠都慶祝博覽會（六年）、電氣博覽會（七年）、奠都五十年慶祝博覽會及和平紀念家庭博覽會（八年）、明治神宮鎮座祭（九年）、大正衛生博覽會

1914年，東京大正博覽會，「美人舞蹈」。

1914年，東京大正博覽會全景圖。

（十年）、和平紀念東京博覽會（十一年）、皇太子成婚慶典（十三年）、畜產工藝博覽會（十四年），等等。

其他還有大大小小數不清的博覽會，就此意義來說，大正時代也可說是「博覽會時代」。這些博覽會都是官方主辦，多少拘束一些，但仍具有讓眾多市民參與、讓市民認識何謂「餘暇」的效果。

賞花是自然發生的餘暇活動，民眾根據自己的做法各自享樂，相當自由。每逢賞花時期，報紙甚至會形容「東京空無一人」，比元旦的參拜客多出好幾倍。

最後一項的電影完全是大正時代餘暇活動的特色。

年號改為大正，當然並非表示世間也在一夜之間隨之驟變，但電影確實以大正元年（明治四十五年，一九一二）為分界而有巨大變化。以東京為例，前一年的電影院入場者數總計三百萬人，大正元年卻增加三倍，入場者數將近一千萬人。因此，大正時代也可以說是「與電影同時開幕」的時代。

日本警視廳於大正六年（一九一七）制定了「電影演出取締規則」，除了檢閱膠卷內容，還實施男女分座等規則，對電影加強管制措施。雖然「米騷動」那年因物價高漲，電影觀眾數減低，但之後除了關東大地震那一年，觀眾數始終有增無減。

大正十五年（昭和元年，一九二六），電影觀眾數高達一千四百六十九萬人。東京市人口是二〇六萬人，單純計算的話，每個人一年平均看七場電影。由此也可證明，大正時代確實是電影的時代。

電影是民眾的餘暇活動，同時也兼具介紹「何謂民主主義」的效用。電影通過銀幕，傳達了全世界訊息及人們的想法、生活方式、享樂方式等，而且沒有學校教訓或警察取締的強制性，完全以自然而然的方式感化大眾。

當時的日本民眾當然無法理解民主、自由、

平等之類的概念，但是，平均一年看七場電影的話，即便內容遭檢閱，也會逐漸明白「民主」就是人在生活中必得的權利吧。

遺憾的是，當時的民眾只能在餘暇活動或賞花時享受到自由平等的滋味，「大正民主」還未成熟，時代便跨入軍國主義的昭和時代。

景氣左右餘暇活動

市民享受餘暇活動的心情，很容易受景氣左右。反之，從市民的餘暇活動也能看出景氣的好壞。其中，以劇場入場者數最能反映景氣的變化。

大正初期的觀劇形態，還殘留著出門時精心打扮，在觀眾席一面看戲一面吃喝的江戶時代社交風氣。而且劇場有賣「只限一幕」的入場票，大正元年的戲劇觀眾中，只看一幕的人佔了三成以上。

帝國劇場竣工後，變成所有觀眾席都是椅子

1914年，寶塚歌劇團第一次公演「桃太郎」。

座位，不但實施預售票制度，也廢止茶館，這才改變了大眾之前的看戲習慣。演劇界大刷新的背景，是因為觀眾減少，尤其只看一幕的中等階層以下的觀眾幾乎都轉為電影觀眾了。

第一次世界大戰的戰爭景氣之下，使得戲劇觀眾顯著增加。不過，大眾看的不是傳統歌舞伎劇或難懂的新劇，而是當時流行的「淺草歌劇」及喜歌劇。

增加的大量觀眾是在那之前與戲劇無緣的下層階級。當時的民眾沒看過真正的歌劇，因而念白、歌唱並用，情節偏向喜劇的喜歌劇或淺草歌劇大受歡迎。「今天又是可樂餅，明天也是可樂餅，娶了老婆很高興，天天都是可樂餅」的流行歌，正是源自淺草歌劇。

基於好景氣，直至大正七年（一九一八）的四年期間，戲劇觀眾有增無減。大正七年的觀眾數是大正三年（一九一四）的二・三倍，多達六五三萬人。

另一項可以反映景氣好壞的是飲食店的數量變化。當時的飲食店經營者，在好景氣時會改行做其他工作，景氣若變壞，又會回來經營小飯館，設法維持生計。大正時代的景氣頂峰是七～八年。

關東大地震以後，用倒塌建築廢材臨時搭建的木棚飲食店如雨後春筍般湧現。數量多達四千七百處，由於景氣始終沒有好轉，此數字也就沒有減低。

棒球和相撲是兩大體育運動

大正時代的兩大體育運動是棒球和相撲。

這兩項體育運動是孩子們的日常遊戲之一，不過，大人以觀戰為主，實際玩的人極少。說是「觀戰」，其實特地前往棒球場或國技館觀戰的人非常少，不及市民總人口的一成。

但因為當時的報紙在體育運動旺季時會每天刊登報導文章，提高市民的關心，因而親眼在現場觀戰的人雖然很少，人氣卻很高。此外，報社也經常主辦一些體育運動比賽大會，再詳細報導比賽過程，讓大眾養成觀看體育運動報導的習慣。

大正十三年（一九二四），明治神宮外苑的運動競技場竣工後，報紙更擴大了體育運動版面。而且，至今為止都是個別比賽的團體各自主辦，運動競技場竣工後，政府通過「明治神宮競技大會」掌握了體育運動總體的主導權。同時以國家名義的「發揚國威」口號鼓吹體育運動競賽，於是以田徑賽為首，各式各樣的比賽便成為全民關注的標的。

至於一般民眾，由於當時的體育活動環境還未就緒，頂多到游泳池、弓箭場、撞球場、滑輪場等收費遊戲場發洩。最有人氣的是既可納涼又可實際參與的游泳池，逐年興盛，與國家推薦的方向背道而馳。

大正初期，只要有女子在海邊或河邊游泳，隨即會成為新聞；到了大正中期，報紙報導女性游泳者顯著增多。關東大地震以後，市內的河川都不能游泳，海水浴場便成為市民的慣例活動場所之一。

滑輪場也相當流行。東京市內二十多家滑輪場中，以有樂町的「東京滑輪場」最有人氣。

1914年的相撲力士。（photo: A. Davey）

入場客包括貴族階級、著名歌舞伎劇演員、外國大使館員、學生、藝妓等各界人士。十一公尺平方的滑輪場樓上有咖啡廳，有不少人一面喝一杯五錢的咖啡，一面觀看滑輪。

關東大地震之後興起的餘暇活動

關東大地震後，撞球和麻將人口急劇增加，郊外也出現了大型遊樂園。雖然撞球和麻將在大地震之前即有增加傾向，但兩者在大地震之後才明顯出現數字變化，流行潮流持續至昭和時代。

大正十五年四月，日本橋劇場舉辦了第一次全日本撞球錦標賽，媒體競相報導競賽過程，之後開始為撞球界造勢。當時東京市內有六百六十家撞球場，估計每年至少有百萬以上的用戶。

圍棋俱樂部也顯著增加。麻將沒有正確的統計數據，但圍棋俱樂部在大正十四年（一九二

大正後期的京都。

五）時已增至二百處以上。圍棋俱樂部通常兼設將棋，圍棋、將棋愛好者應該相當多。

關東大地震復興計劃，引發東京市郊外住宅用地開發事業極為興盛。隨著郊外住宅增加，園藝也熾盛起來。作家森鷗外及永井荷風[1]均是著名的園藝迷，每年都會親手移植鬱金香或番紅花等。報紙每週定期刊載園藝文章，每逢花季，更會介紹各地的花草名勝。眾多市民看了報紙蜂擁而至，離去時會順便購買花苗和球根帶回家。

1914年的女子下圍棋光景。（photo: A. Davey）

現代日本人對花草的熱情也不亞於大正人，這可能和日本的四季氣候鮮明有關。大正人最喜歡的花，除了自江戶時代起便很有人氣的牡丹、野生植物，又多了自歐美進口的鬱金香、大麗菊等。

至於遊樂園，日本最古老的是嘉永六年（一八五三）開園，位於淺草的「花屋敷」，原為植物園，到了明治、大正時期，漸漸從上流人士出入的自然庭園轉變成庶民大眾也喜歡的綜合遊樂園與動物園。

郊外型遊樂園首先是大正三年六月新開張的橫濱鶴見的「花月園」，通過豐富多彩的文娛活動以及改裝而獲得大成功，佔地二萬五千坪（〇．七五平方公里）。園內有動物園、噴水池、花壇、鞦韆、舞廳等設施，另有各式各樣的遊樂設施。大正十四年擴大至佔地七萬坪的規模，一九四六年歇業。

其次是大正十一年（一九二二）五月，東京荒川遊樂園開園。不過，花月園及荒川遊樂園仍殘留著濃厚的植物園色彩。大正十四年在千

日本最古老的遊樂場淺草「花屋敷」的入場券。

葉縣習志野市開設的谷津遊樂園，才是真正的郊外型遊樂園。

從東京的本所至千葉谷津遊樂園約須四十分鐘，運費三十六錢，入園費大人二十錢，兒童十錢，每逢夏季，每天都有數千遊客，熱鬧非常。谷津遊樂園是海濱自然公園，不但可以游泳，全家大小還可以趁退潮時撈捕魚貝類。佔地一百公頃（一平方公里）的園內，除了海水游泳池、大滑梯、大迴廊等，另有上演電影、魔術等娛樂節目的綜藝劇院。直到一九八二年因母公司京成電鐵投入東京迪士尼樂園計劃而停業，目前只剩市立「谷津玫瑰園」。

同樣在大正十四年十二月開設的多摩川園，是溫泉遊樂場，大人和小孩的入園費一律三十錢。

多摩川園的招牌設施是類似游泳池那般大的大澡堂。義大利大理石、溫泉瀑布、蒸氣浴、化妝室、休息室等，應有盡有，內部構造極為奢侈。從澡堂還有直接連結走廊的二百張榻榻

米大的兒童玩耍室，兒童在雨天也可以玩的運動場和玩具樣樣齊全。園內設施有陸上衝浪、飛行塔、動物園、音樂堂、全景立體館等，這些設施各別另收費十錢。

開業後半年，一天平均入園者數為二百八十八人。據說，夏天有煙火大會，夜間也營業，從二十五公尺高的鐵塔照射出的亮光，令多摩川園宛如不夜城。一九七九年停業，其中一部分佔地成為現在的東京大田區田園調布溪水公園。

大正十五年，演藝設施和體育設施合為一體，佔地三十公頃（三十萬平方公尺）的豐島園開園。這兒是練馬城舊址的一部分，比較近似賞花名勝的自然公園，二次世界大戰期間停業，一九四六年恢復營業。

上述這些遊樂園在大正時代均是劃時代的休閒設施，可是，當時的報紙沒有報導任何開園消息。如果是現代，電視和報紙一定會於事前大力宣傳，開園當天湧進眾多遊客，變成一大新聞。

總之，當時只限中等富裕層才能於假日帶著全家大小到遊樂園盡興玩一整天，中等以下的階層恐怕沒時間也沒錢去玩吧。

軍國主義時代前夕的曇花

大正時代東京市民集體參加的第一次活動，是明治天皇的大喪儀式。儘管大喪並非休閒娛樂，卻仍有不少人帶著便當和草蓆，坐在路旁等待。等得不耐煩時，就打打瞌睡或乾脆喝起啤酒。也就是說，即便是天皇大喪儀式，市民仍有坐在草蓆吃便當喝啤酒的自由。

到了昭和時代的大正天皇大喪儀式，氛圍就完全兩樣。

皇居前廣場聚集了十數萬名各大學、專科學校組成的恭送團體，沿途一百五十萬群眾夾道致意。收音機在播放載著大正天皇棺木的牛車行列光景時，據說竟然因牛車碾軋聲夾入群眾的咳嗽聲，出了大紕漏。總之，沿途的氣氛十分莊嚴肅然。

從「坐在草蓆吃便當喝啤酒」到「不准群眾咳嗽」，這兩者之間，僅相距十四年半，卻宛如隔了一個世紀。

大正時代的東京人，仍殘留明治時代「向前看」的遺風，做任何事都懷著「今朝有酒今朝醉」的心情。

大橋開通時，大家一起高聲大喊萬歲地祝賀；神田站和秋葉原站聯運時，彷彿自己也參了一腳地又喝又唱。博覽會也是。大正時代之所以能夠每年舉辦各式各樣的博覽會，全在於市民一直沒有失去興頭。進入昭和時代後，不要說開通大橋或車站了，連博覽會也只能引起一部分人注目而已。

大正時代是明治與昭和時代的橋梁，分界線正是關東大地震。

明治時代的目標「文明開化」，於大正時代才滲入一般民眾生活中。電氣、電車、公共汽車等新奇物事，對大正人來說已成為生活中不可欠缺的交通工具。西服、洋裝、麵包、牛奶等生活方式也有很大變化，民眾開始理解何謂自由、平等之類的歐美思想。就此意義來說，大正時代亦是完結明治時代的時代。

人們積極地引進新文明利器，並只看到其優點。尤其東

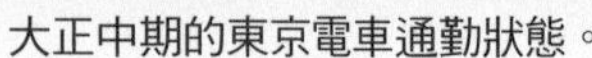

大正中期的東京電車通勤狀態。

1920年的電影院（和歌山）。

京，方便或好玩的新物事接連不斷出現，令大眾感到生活似乎富裕起來。然而，在大正人還未體會凡事有得必有失的道理之前，人們的浪漫氛圍還未消失之前，時代便戛然而止。

拿餘暇活動來說，在大正時代，搭電車出去玩這件事，光是搭電車本身就是一件很快樂的事。迄今為止，本來在當天無法來回的名勝，只需一天便可走完，何況新的遊樂場所有增無減。於是，市民開始配合列車時間而活動。比起到哪裡都需要徒步的時代，人們或許失去走一步算一步的悠閒自在，不過，應該沒有類似現代人這般時時刻刻受時間束縛的感覺。

此外，在明治時代只需付入場費即可的娛樂費用，到了大正時代，除了電車費、入場費，還要各別付各種娛樂設施的費用。但他們不覺得這是一種經濟上的負擔。因為大正人學會了如何花錢買快感，並認為這才是真正的餘暇娛樂。

換句話說，大正時代的東京人，比現代的東京人更積極享受休閒娛樂，有錢並有閒時，都儘可能沉浸在玩樂中。

在迎來言論統一及耐久性消費品生活的昭和時代之前，大正人替明治人及昭和人發散了遊興。

這段僅有十四年半的短暫光陰，是軍國主義時代前夕的曇花，也是幸福浪漫的時代。

1 永井荷風（Nagai Kafū, 1879-1959）。日本小說家。

PART1——多彩的都市文化與生活

女性的地位

不受敬重的「職業婦女」

日俄戰爭至第一次世界大戰期間，日本產業蒸蒸日上，基於需要，出現了「職業婦女」這個新名詞。在此之前雖然也有紡織女工、女梳髮、產婆、女教師、家務勞動者等女性職業，但這些人不屬於「職業婦女」範疇。

此外，從事接待男子的行業的女性和女藝人也非「職業婦女」。也就是說，女演員、教授音樂或插花等技藝的老師、藝妓、陪客人喝酒的咖啡廳女服務員、妓女，以及從事農漁業的女性（例如海女）均非「職業婦女」。

日本沒有「職業男子」這種稱呼。除了特殊

明治時代的女性。

例子，否則，生為男子，只要成年，必定從事某種職業。所有男子從小便接受如此教育，因而「職業男子」不存在。女子剛好相反，從小即接受必須仰賴父親、丈夫、兒子的「三從」教育，在這種性別意識差距中，「職業婦女」反倒成為特殊例子。而且，「職業婦女」這個名詞，含有輕視之意，毫無任何敬意。

世間人以侮蔑眼光看待「職業婦女」，比起在高等學校接受新娘教育的良家女兒，那些在師範學校或職業訓練班接受教員、護士、電話接線員、乘務員等專業教育的女子，通常會自覺臉上無光，矮人一截。

成年男子接受成年女子撫養，是一種恥辱；而成年女子接受男子撫養，即便該男子是未成年的兒子，也不會受世間人嘲笑。直至平成時代的現代日本，這種性別觀念似乎也沒有顯著變化。

平成時代的現代日本，女子依舊可以堂皇正大地公開說「婚後要讓丈夫撫養」；健康男子若沒有職業，在家啃老，或讓妻子出去賺錢，自己在家當家庭主夫，便一律給貼上「無能」標籤。甚至連學校的教師，家長也會因對方是男性教師或女性教師而有不同反應。就這點來說，明治時代的性別差異觀念和現代似乎沒什

海女，和田三造（Wada Sanzo, 1883-1967）畫。

麼區別，只是「職業婦女」這個稱呼已經成為廢詞，世間人看待職業婦女的眼光也不再懷著蔑視而已。

明治四十四年（一九一一），雜誌《青鞜》創刊，平塚雷鳥以「元始，女性是太陽」當作女權宣言。那一年，正是大正時代即將來臨的前夕。《青鞜》剛好和「職業婦女」的抬頭前後呼應。

少數女性確實有傲人的成就，然而，在一般庶民女子之間，女權宣言到底滲透至何種程度呢？

大正年間（一九一二～一九二六年），女性的新行業接二連三出現，但是，這些女性大部分都是為了糊口而選擇新職業，並非真的想獲得女權。不過，比起視妻子或女子為無能者的明治時代，女性能從事新行業已經算是一種大進步。

當時一般女子職業包括護士、小學教員、電話接線員、百貨公司服務員、女記者、女招待、打字員、公司事務員、電梯服務員、公共汽車服務員、時裝模特兒、繪畫模特兒等。

東京千代田區的丸之內辦公大樓群內的打字員或事務員，可以說是職業婦女的熱門行業。女服務員也有分別，例如在電影院售票處工作

1914年，商店光景。（photo: A. Davey）

女梳髮，和田三造（Wada Sanzo）畫。

的女子是職業婦女，但一般商店的老闆娘或女兒則非職業婦女。可是，同樣在商店工作，假如那家商店規模很大，例如百貨公司，那麼，售貨員或在百貨公司餐廳工作的女服務員便是職業婦女。

大正十二年（一九二三），《婦人公論》雜誌的女記者波多野秋子[1]，與作家有島武郎[2]在輕井澤雙雙自殺之後，女記者頓時成為職業婦女中的明星。波多野秋子任職於舊丸之內大廈[3]裡的中央公論社，而舊丸之內大廈內出現日本最初的美容院是在大正十三年（一九二四）。

在這之前，給女人梳頭的女性稱為「女梳髮」，本來不屬於職業婦女範疇，日本最初的美容院在舊丸之內大廈開業後，女美容師便成為職業婦女的代表存在。不過，明治三十九年（一九〇六）即有人開了一家「理容院」，只是當時沒有發展為流行現象而已。

女傭本來也不算職業婦女，大正七年（一九一八）創立的「婦女共同會」派遣部的「派出婦」，則為職業婦女。所謂「派出婦」，用平成時代的用詞來說，就是家務助理、鐘點女傭之類的派遣工。

其他也有比較特殊的職業，例如原稿謄寫、

翻譯轉包、口述筆記等，這些都是以時間制、稿紙張數計算工資，大部分由大學畢業的女性承擔。當時，女子可以讀到大學畢業算罕見，承擔這些工作的女子稱為「婦女文筆會」。

根據昭和五十一年（一九七六）某日本女性週刊雜誌的調查，日本女性憧憬的職業是書籍設計師、演唱兼作詞作曲者、商業秀場演出指導員（導演）、廣告文案撰稿員、插圖畫家、服裝造型設計、DJ、空服長（座艙長）等。

這些也都是昭和時代的女性新行業，比起大正時代的女性新行業，明顯可以看出時代的變遷。若再將時代往後移，女性行業應該更多，只是，時至今日，在各式各樣的職場中依舊潛伏著一股明治時代殘留的性別歧視意識，這也是日本的男女工資差距始終無法拉平的主因之一。

尤其二十二歲至四十四歲，膝下有未滿十六歲的孩子的全職婦女工資，在經濟合作暨發展組織（OECD）三十個市場經濟國家中，日本

1916年，秋田縣高等女學校裁縫室。

排在最後一名，全職婦女工資不及全職男性的四成。居首位的義大利，膝下有孩子的全職男女工資幾乎沒有差距，OECD整體的全職婦女工資平均數值也高達全職男性的百分之七十八，甚至連排在最後第二名的韓國，膝下有孩子的全職婦女工資也佔全職男性工資的五成以上。

唯獨日本的有孩子的全職婦女，工資僅達全職男性的百分之三十九。難怪現代日本女子寧願丟棄職場，於婚後當全職主婦或全職媽媽，理所當然地成為丈夫的撫養家屬之一。

話說回來，大正時代的女子第一次跨入社會時，選擇護士比較沒有阻礙，畢竟護士這種職業也需要類似「三從」的忍耐力。如果選擇電話接線員之類的新行業，情況便有點不同。

明治十三年（一八八〇），電話交換局首次僱用女性接線員，第一批總計數十人。據說在當時多少也算是明治政府的小官，足以讓她們的家人引以為榮。這是日本女性初次向織布機以外的機器挑戰的職業。雖說她們的教育程度大多僅是小學畢業，但幾乎都是士族出身，家庭教育非常充實，氣度與禮法均與一般庶民女子不同。

對當時的女性來說，能夠成為接線員是一種通過嚴格挑選的成果，服裝也是和服褲裙，可以想像她們走起路來一定都抬頭挺胸、神采奕奕。護士則為最早換穿洋裝的職業，兩者對比鮮明。

第一次世界大戰前後，電話接線員需求大幅增加，每年都新聘用六、七百人。一面做電話接線員，一面到女子學校接受高等教育的人也隨之增多。對那些因家裡貧窮而無法接受高等教育的女子來說，既可賺錢又可上學，簡直是天堂的職業。

然而，她們的工作內容到底如何呢？真的可以稱為明星職業嗎？

電話接線員職場完全是軍隊風格，規則一大堆，有時還得遭工作崗位教練用電話線鞭打。

可能有不少女孩是一邊流淚一邊接受訓練。工作狀態則大約每隔一小時半或兩小時給十五分鐘休息時間，可是，十五分鐘能做什麼？頂多去上個洗手間吧。

另一方面，當時的社會又如何評價電話接線員呢？以下是《婦人公論》雜誌的記錄。

對男性來說，電話接線員只有女性能當。首先，女性語音清晰，而且便利，坐在同一個位置處理那種繁雜業務的把戲，只有女性才辦得到。女性本來就不喜活動，頭腦縝密，可以耐性地做那些反復不停的工作而不覺厭倦。這種工作非頭腦單純的女人不可，女人的頭腦如果複雜起來，工作成績反倒會退步。十三歲到十六歲時，這些不染塵世的女孩，因為會拚命工作，所以成績很好，但到了二十歲左右，必須準備出嫁時，便會為朋友的出嫁準備而憂心如搗，自己也想那樣做、這樣做的，慾望變多，結果成績下降。這是一般統計顯示出的證據。

明治時代上流階級的少女。

> （《婦人公論》大正五年〔一九一六〕一月號）

這類評價也適用於電話接線員以外的職別，例如打字員、電梯服務員、公共汽車服務員、時裝模特兒等。只要把年齡往後推，這種評價或許也可以適用在現代日本女子身上。總之，日本男性認為頭腦單純的人才能勝任的職別，非女性不可。

大正時代之後是昭和時代。昭和時代初期，日本出現了第一家女子法律學校，對此，本來應該支持女性立場的婦女雜誌，竟然刊出以下的揶揄文章。

> 學生有上自三十有餘的半老徐娘，下至二十出頭的毛頭小孩。幾年後，如果這些人當上法官或律師，世間到底會變成怎樣呢？（《婦人沙龍》昭和四年〔一九二九〕十月號）

文章論點就是女人頭腦單純，法官和律師則必須頭腦複雜的人才能勝任，為什麼要讓女人學法律？

《婦人沙龍》創刊號是昭和四年九月，大概挑選的撰稿人並非真心支持女性，只持續了三年便告終。《婦人公論》則創刊於大正五年一月，至今仍在發行。

話說回來，在職業婦女輩出那個時期，「新女性」一詞也隨之出現。

「新女性」的誕生

一般認為，作家坪內逍遙[4]於明治四十三年（一九一〇）進行一場題為「新女性」的演講是其發源，但是，讓這個新詞成為流行語的人應該是平塚雷鳥。平塚雷鳥於大正二年（一九一三）一月在《中央公論》發表一篇題為〈我是新女性〉的文章，大大撼動了社會人心。之後，《青鞜》新年號和二月號又連續刊載同人以及各派著名人物對「新女性」的感想文。

「職業婦女」和「新女性」雖同為新詞，但是「新女性」引起的風波比「職業婦女」大許多。由於平塚雷鳥的聲明羅列了不少反體制性詞句，據說雷鳥家的屋頂下了好幾陣石頭雨。

「新女性」這個詞具有兩種意義。

其一是政治性的意義。自「新女性」衍生出的「新婦人協會」，於大正十一年（一九二二）成功改掉當時的治安警察法第二項條款。條款內容是「女子及未成年者，不准聽議論時下政局的政談演說會，也不准成為政談演說會發起人」，經由「新婦人協會」的抗議及活動，最終刪掉條款內的「女子」兩字。

雖然只是去掉「女子」這兩字而已，但這項成果正是女性獲得選舉權的第一步，並抬高了女性對政治的關心。

「新女性」引起的另一個波瀾是破壞既有道德體系，為當時封閉在家庭內的女性爭取自由的宣言。

坪內逍遙的「新女性」指的是易卜生[5]的代表劇作《玩偶之家》[6]女主角娜拉。娜拉宣言不再當玩偶而離開家庭，但娜拉的行動在易卜生的國家挪威也無法受到支持。易卜生又寫了兩部戲劇《群鬼》[7]、《人民公敵》[8]向缺乏理解的一般大眾抗議。《群鬼》寫的是沒有離家出走的娜拉的悲劇，《人民公敵》描述的是一般大眾的無知。

連易卜生的國度挪威都如此了，遑論日本。在當時的日本，「新女性」甚至等同於「懷有危險思想的女人」。平塚雷鳥的處女作評論總集《來自圓窗》之所以遭禁止發行，理由正是破壞家族制度及敗壞風俗。

舉例來說，當時有位新劇女演員兼劇場文藝社員的人，與女性朋友一起住在一棟租房，結果，左鄰右舍竟紛紛議論她們的住處是賣淫投宿處。這位女子算是「新女性」，除了新劇活動，為了賺生活費，她也在銀座的咖啡廳打工。可是，做了一個月便辭職。辭職的原因是

左頁圖：大正時代的摩登女性，山川秀峰（Yamakawa Shuho, 1898-1944）畫。

有位客人握了她的手。

從這點就可看出，當時的日本女性的性道德觀念與現代女子有雲泥之別，亦可看出當時的人對「新女性」到底誤解到什麼程度。

連男女間的戀愛也是一種家族制度的破壞，自由戀愛成為輿論指責的箭靶。不過，大正時代正是自由戀愛的開花期。

平塚雷鳥與奧村博史[9]、島村抱月[10]與松井須磨子[11]、有島武郎與波多野秋子……無論以悲劇告終或以結婚收尾，均因是禁戀而顯得更純粹，燃起的火焰也更旺盛。

時代再怎麼變遷，男女間的戀愛可以說沒有太大變化。但是，大正開花期之後的昭和軍國主義時代，賢妻良母主義、以家庭為社會基礎的「家本位」道德觀再度抬頭，令戀愛火焰完全熄滅。二次大戰後，自由戀愛沒人管，放任自流，反倒失去了大正時代的純粹性。

評論家、浪漫主義詩人北村透谷[12]於明治二十五年（一八九二）二月號的《女學雜誌》，大膽挑戰：「戀愛是人生的祕鑰，有戀愛才有人生，除去了戀愛，人生還有何色味可言？」之後，廚川白村[13]又寫了一本戀愛至上主義的《近代戀愛觀》。兩人在當時堪稱是戀愛論的雙璧。

「新女性」們醉心於他們的戀愛論。或許也可以說，正因為傾慕自由戀愛，而成為「新女性」。輿論甚至用「野合」這個詞形容男女間的自由戀愛。對男性方面的性關係則採取默認方式。這是一夫多妻制留下的影響。通姦罪只限有夫之婦，有婦之夫無罪。

就拿島村抱月、松井須磨子的例子來說，抱月有妻子，但與須磨子住在一起，是公然的夫妻關係。兩人不但合力創設藝術座，抱月在過世之前一次也沒有回正妻住的家。

按當時的法律，抱月的妻子無法申請離婚，當然也就無法再婚，相當於活寡婦。現代的妻子雖然可以申請離婚，但實際上有不少妻子寧願讓丈夫金屋藏嬌也不願離婚。我想，即便抱月的妻子可以申請離婚，她大概也不願離吧。另一方面，抱月明明可以離婚，卻一直沒有離婚，就是因為當時的社會默認一夫多妻制，沒有必要特地離婚。

再來看看有島武郎和波多野秋子的例子。這個例子剛好和島村抱月、松井須磨子的例子相反，有島武郎獨身，波多野秋子有丈夫。秋子明明已婚，仍在做女記者的工作，這在現代也可以通用，在當時算是最新類型的女性。秋子的丈夫也很難得，竟然讓妻子出去工作，這也算是最新類型的丈夫吧。秋子的丈夫於婚後讓妻子繼續求學，最後將妻子培育為女記者。

結果，秋子在職場陷入戀愛。就旁人看來，秋子的丈夫似乎具有容許妻子婚外戀的肚量，可是，對秋子的丈夫來說，秋子是他一手培育出的人才，寵愛之如掌上明珠。他不願失去妻子，因此向有島武郎要求一萬日圓賠償費。

假若是現代男子，不要說一萬日圓，就算加倍也願意付吧。畢竟用金錢可以解決的問題比較簡單。

可有島武郎不願意。他不想用金錢換取愛情。這個人很純，他前妻因肺結核而病歿，他為了療癒喪妻的悲哀，不惜花大鈔贈送花束給妻子住院醫院的所有患者。這樣的男人，怎麼可能用金錢換取愛情呢？

於是，兩人決定共赴黃泉。

秋子的丈夫那種心態，正是大正時代的日本男人對妻子的看法吧。不過，若將這個例子移到現代，我想，可能有不少男人會點頭同意秋子的丈夫的做法。

如今，「職業婦女」和「新女性」這兩個詞都已成為廢詞，現代女性有沒有比往昔的女性更幸福呢？

職業美術模特兒登場

「model」這個詞在現代日語中已經很常見，擔任時尚產品的職業有服裝模特兒、封面女郎、展場模特兒等。此外，女性在社交網站貼出自拍半裸體照片，炫耀自己的身材的例子，也成為見怪不怪的社會現象。

要讓現代人理解明治時代末期的職業美術模特兒的躊躇與困惑心理，恐怕有點難吧，畢竟歲月距離我們太遠了。不過，我想，現代女子應該仍有許多人不敢或不願意公開自己的裸體或半裸體照片。

大約在一百四十年前，也就是明治九年（一八七六）十一月，日本國立工部大學（東京大學工學部前身之一）附屬機關的日本第一家美術學校，設置了「真人模特兒室」。

繪畫科的教授是義大利人外籍講師安東尼奧・馮塔納吉[14]，接受他指導的學生中，日後出現不少活躍於明治時期西洋畫界第一線的大畫家。雕刻科的教授也是義大利人文森・拉古薩[15]，日後娶弟子為妻，正是日本女畫家玉・拉古薩[16]。

美術學校在明治十六年（一八八三）遭廢止，「真人模特兒室」的第一號模特兒到底是誰，如今已無法考證，不得而知。

繪畫科學生通常必須學習人體素描，但美術學校創立之初，沒有人願意擔任模特兒，學校只得說服經常來學校工作的工匠擔任裸體模特兒。至於女性模特兒，即便學校竭盡全力，也只能找來有穿衣服的模特兒。

男性裸體筋骨明顯，比較容易畫，女性肢體則柔軟又具圓滑感，倘若不清楚內部骨架構

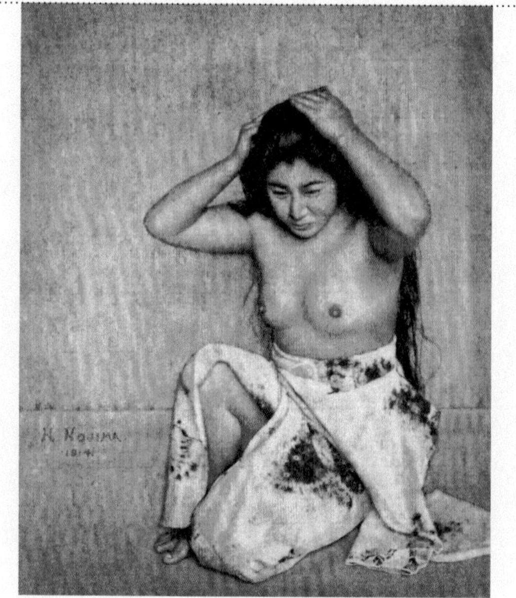

1914年，野島康三（Nojima Yasuzō, 1889-1964）攝影。

造，往往畫不出來。這也是女性裸體畫特別難畫之因。

明治二十二年（一八八九），東京美術學校（東京藝術大學前身）開校。據說在第一年，找來一名泥瓦匠的女兒當裸體模特兒，第三年又說服了一名巡警的啞巴女兒，都是給予金錢和物品並苦苦哀求才找來的模特兒。

當時有個人稱「菊婆」，名為宮崎菊[17]的人開了一家模特兒介紹所，即便如此，也是供應不足，學校經常從街上挑選日工工人來擔任模特兒。女性模特兒更少，就算找得到，也多是瘦巴巴，看上去明顯營養不良的女子。

拋開裸體模特兒不說，光是裸體畫問題便令明治時代畫壇反復發生眾多糾紛。官方認為裸體畫是「猥褻畫」，有違公序良俗；藝術家則主張裸體畫是藝術作品，雙方鬧得不可收拾。到了明治四〇年代，裸體畫才逐漸成為光明正大的藝術作品，裸體模特兒更加短缺，「菊婆」開的模特兒介紹所益發忙得不可開交。

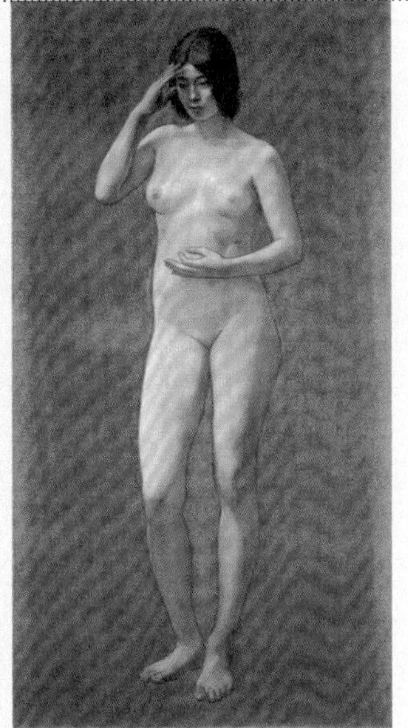

1899年，黑田清輝（Kuroda Seiki, 1866-1924）的「智・感・情」三聯畫，重要文化財，東京國立博物館藏。

已經成為大師的畫家中，也有人乾脆僱用專屬模特兒。據說，某大師夫人經常到商家閒逛，若發現容貌和身材都足以擔任模特兒的女子，便會向夫君報告。之後，夫妻一起前往該家商店，故意買東買西，觀察該女子的動作，畫家丈夫滿意的話，夫妻再重新與對方交涉。

當時的美術模特兒工作時間是半天五小時，工資為裸體六十錢，半裸體四十錢，有穿衣服的二十五錢。

那個時代，白米一升十六錢，與物價比之，裸體模特兒似乎也不能說是高收入的職業。現代的裸體模特兒則為時薪二千五百至三千日圓以上，有穿衣服的一千五百日圓以上。

唐行小姐哀歌

「唐行小姐」[18]這個通稱源自長崎。德川時代，為了不讓基督教傳教士進入日本，幕府採取鎖國政策，只限與基督教無關的清國（中國）、荷蘭船入港。荷蘭船員都住在長崎港內的扇形人工島「出島」[19]，面積三九六九坪（約一・三公頃），清國船員則住在長崎的「唐人宅邸」。

「唐人宅邸」佔地九千四百坪（三・一公頃），收容人數二千人，四周用圍牆和溝渠圍起，出入口處的大門一旁設有崗哨，清國船員不能擅自出去，一般長崎居民也不准進入。但是，丸山妓館區的妓女可以自由進出「唐人宅邸」。妓女前往「唐人宅邸」賺錢時，當時的人稱為「唐人行」，後來變成「唐行」，再後來又成為到海外賣身的日本人妓女總稱。

明治政府解除鎖國政策後，許多日本女性渡海分散至香港、新加坡、澳門等南方一帶當妓女。只要有日本人居住的地方，就一定有日本妓女的存在。就算該地沒有日本公使館和商社，也一定有日本人經營的妓院和日本妓女。

明治政府當然不允許妓女出國，這些「唐行小姐」都是用偽造護照或偷渡等非法手段出國。也因此，當時的外國人對日本的評價相當壞，以為日本女人喜歡賣淫，甚至給日本冠上「賣淫天堂」之惡名。

一般說來，歐洲國家的妓女多半出於自願，外國人也誤以為海外的日本妓女是基於本人意志。事實上，幾乎所有「唐行小姐」都因為受騙而遭「嬪夫」[20]帶到國外，再被迫賣淫。

人口販子專門針對無知貧窮的十五、六歲少女，主要是長崎縣島原半島和熊本縣天草群島等九州偏僻地方出身的少女。

偏僻農村或漁村的孩子，十三、四歲時，無論男女，都得到市鎮工作。男孩住在商家當學徒，女孩通常是幫人照顧小孩或當女傭。人口販子身穿高級服裝，在路邊若看到幫人看小孩的容貌姣好的女孩，就會和善地上前搭訕，說什麼「我妹妹在上海幫傭，工作輕鬆，月薪能得國內的三倍」，再掏出一張身穿洋裝的女子照片，進一步慫恿說「白天工作，夜晚還可以學縫紉」。無知少女往往當下就受騙。

此外，人口販子有時會直接到膝下有女兒的貧窮農家，向父母撒謊，說是要帶到正經人家當女傭，再給父母一筆預付款，把女兒帶走。說穿了，就是父母賣女兒。

在外國的賣春業者於事前已經收買了外國船的船員。半夜三更，人口販子帶出遭嚴格看守

唐行小姐。

的受騙少女到海邊，乘小船運到外國船。偷渡少女不是藏在船艙就是躲在水箱。外國船員通常不供應三餐給偷渡少女，讓她們飽一頓餓一頓，好不容易抵達香港時，再將這些半死不活的少女交給賣春業者。

當少女們明白女傭的工作其實是賣淫而拒絕的話，賣春業者便會算出一大筆出國費和在香港的逗留費欠款，逼迫少女還債。對語言不通的少女來說，雖然明白上了當，也無處伸冤，只能唯命是從。

當時，新加坡是「唐行小姐」的轉口站。

根據日本人口販子村岡伊平治[21]的自傳，自明治二十二年（一八八九）起的二十七年間，他在新加坡接手的「唐行小姐」總計有三千二百二十人。

從新加坡再把「唐行小姐」發送到南方各地。據說，即便是毫無日本人居住的地區，只要帶著幾名「唐行小姐」去開設妓院，生意也會很興旺，讓妓館老闆大賺特賺。

新加坡的日本賣淫區稱為「street」，意味「花街」。道路兩側排列著三層建築的妓院，黃昏時，穿著花俏夏季和服、濃妝豔抹的「唐行小姐」會站在路邊，用發音不準的英語呼喚路過男人。

女人們的房間僅有四個半榻榻米大，裡面只

唐行小姐。

有一張床和一個放入消毒藥的洗臉盆。

「唐行小姐」的客人是當地人。由於氣候風土的驟變，以及不衛生的賣淫行為，病倒的女人非常多，染上瘧疾、肺結核等疾病。除非生大病，否則不能休息，待病情加重，沒有恢復的可能性時，妓館老闆通常不好好照料，三餐也不定期，據說有些人還未病死就先餓死了。

幸運的人可以成為當地人的妻子，或歐洲人的小老婆。

在南方各地，殘留著數不清只寫上名字的「唐行小姐」墳墓，多半是得年十七或十九，超過二十歲的屈指可數。這些十五、六歲就受騙被誘拐到外地，之後長期被迫賣淫的少女們，通常在數年內便喪命，很難找到超過三十歲的「唐行小姐」墳墓。換句話說，能倖存到三十歲的女人極為罕見。

妓館老闆還推薦「唐行小姐」向故鄉匯款。她們本來就是因為想要賺錢才會受騙，如果可以匯款給父母，她們會認為這是一種孝行，於是就不會自暴自棄，乖乖地拚命接客。故鄉的父母也能靠這些血淚錢買田地、蓋新房。

「唐行小姐」也有人成為賣春業者的妻子，更有人還清了所有欠款，自己開起妓館。這些女人穿著高級衣服、手上戴著金戒指返回故鄉時，鄉親們都會認為她們是百人或千人中只出現一人的成功者。於是，貧窮少女再度接二連三地偷渡到外國，後棒接前棒地去替代早早就客死他鄉的「唐行小姐」。

繼甲午戰爭、日俄戰爭，日本在第一次世界大戰成為戰勝國之後，晉升為同西歐各國並列的近代國家。為了維持近代國家的聲譽與尊嚴，政府認為必須盡快擺脫「賣春王國」這個侮蔑稱呼。

第一次世界大戰結束兩年後的大正九年（一九二〇），以新加坡為首，政府強行實施廢除南方各地的日本妓院。據說，光是新加坡周邊就有六千名「唐行小姐」。

「唐行小姐」從南方返回日本後，朝鮮、滿

洲各地仍有日本妓院和日本妓女。直至二次世界大戰戰敗，海外的日本人全部撤回後，「唐行小姐」才完全消失蹤影。

目前，新加坡有座日本人墓地公園[22]，位於閑靜的住宅區中，佔地約一萬坪（約三・三公頃）。裡面種了許多開著白花的緬梔花，並有大大小小總計九一十座墓碑，都是戰前在新加坡活躍的日本人以及「唐行小姐」的墓碑。因是無宗教主義方針，墓碑有日本式、西式等各式各樣，入口附近有一棟殿堂。

園內最舊的墳墓是明治二十二年（一八八九）去逝的熊本縣出身的「唐行小姐」。明治四十年（一九〇七）時，新加坡有九〇二名「唐行小姐」。最悲哀的是，她們的墳墓或墓碑都背對日本。

據說，當時的「唐行小姐」若病逝，通常和牛馬骨頭一起被丟棄在囚犯墓地。在新加坡經營妓院、橡膠園、雜貨商成功的二木多賀次郎[23]，於明治二十一年（一八八八），開始撿拾這些見不得天日的「唐行小姐」遺骨，重新埋在自己的橡膠園裡。明治二十四年（一八九一），獲得英國殖民地政府的認可，正式開設為墓地。

第二次世界大戰後，英國當局沒收了墓地，但在一九六九年，新加坡政府又將墓地歸還給當地的日本人會。之後，新加坡政府禁止在市內墓地進行埋葬並沒收土地，日本人墓地本來也成為整頓對象之一，一九八七年才以持續維護為條件，整修為「日本人墓地公園」。現在則由日本人會和日本人學校定期進行清掃活動，園內保持得很乾淨。

1 波多野秋子（Hatano Akiko, 1894-1923）。

2 有島武郎（Arishima Takeo, 1878-1923）。日本小說家。

3 舊丸之內大廈建於一九二三年，八層樓高。目前的新丸之內大廈是舊丸之內大廈改建而成，二〇〇二年八月二十日竣工，位於東京站丸之內南口前，三十七層樓建築，七～三十四樓為辦公區域。

4 坪內逍遙（Tsubouchi Shōyō, 1859-1935）。日本劇作家、小說家、評論家、翻譯家，日本近代文學之父。

5 易卜生（Henrik Johan Ibsen, 1828-1906）。挪威劇作家，現代現實主義戲劇的創始人。

6 《玩偶之家》（*A Doll's House*）。易卜生於一八七九年的劇作，又譯作《娜拉》。

7 《群鬼》（*Gengangere*, 1881）

8 《人民公敵》（*En Folkefiende*, 1882）。

9 奧村博史（Okumura Hiroshi, 1889-1964）。畫家。

10 島村抱月（Shimamura Hōgetsu, 1871-1918）。日本文藝評論家、戲劇導演，日本新劇運動先驅。

11 松井須磨子（Matsui Sumako, 1886-1919）。日本第一位近代女優。

12 北村透谷（Kitamura Tokoku, 1868-1894）。日本浪漫主義詩人。

13 廚川白村（Kuriyagawa Hakuson, 1880-1923）。日本英國文學學者，文藝評論家。

14 安東尼奧・馮塔納吉（Antonio Fontanesi, 1818-1882）。義大利畫家。

15 文森・拉古薩（Vincenzo Ragusa, 1841-1927）。義大利雕塑家。

16 玉・拉古薩（Ragusa Tama，西洋名為Eleonora Ragusa, 1861-1939）。日本女畫家。

17 宮崎菊（Miyazaki Kiku）。

18 唐行小姐（Karayukisan）。

19 出島（Dejima）。

20 嬪夫（Pinpu），人口販子。

21 村岡伊平治（Muraoka Iheiji, 1867-1945）。長崎縣人，人口販子。日本著名電影導演今村昌平（Imamura Shōhei）曾以他為主角拍成電影《女衒 ZEGEN》。

22 日本人墓地公園（The Japanese Cemetery Park）。

23 二木多賀次郎（Futaki Takajirou）。

PART 2
大正奇女子

吉岡彌生（Yoshioka Yayoi，一八七一～一九五九）東京女子醫科大學創辦人

漢醫家的女兒

吉岡彌生生於明治四年（一八七一）三月，舊姓鷲山，娘家位於靜岡縣西部地區掛川市[1]近郊的土方村[2]。

吉岡彌生（年代不詳）。

鷲山家是村落巨頭，嫡系本家世世代代經營大酒鋪，另立門戶的分家經營醬油鋪。彌生的父親鷲山養齋[3]是分家的入贅女婿，因是漢醫醫生的兒子，鷲山分家為了迎入這位女婿，特地關掉世代經營的醬油鋪，讓女婿開了醫院。

鷲山分家原本的獨生女並非彌生的母親，她和養齋生了兩個兒子，後來養齋到江戶學西醫，在江戶迎接了幕府末期。養齋回到土方村不久，第一任妻子便過世。養齋的續弦正是彌生的母親。

掛川市昔日是東海道五十三驛站之一，但靠近海岸的土方村距離掛川市約八公里，四周僅有茶葉和桑田，算是相當偏僻的鄉下地區。不過，明治五年（一八七二），新政府頒布學制時，土方村便已經有小學了。這是鷺山本家和分家合力為村落開設的學校。

分家的戶主鷺山養齋是在江戶學過西醫的知識分子，本家則是村落巨頭，早在新政府頒布學制之前就設立了小學。

小學位於村落的寺院內，彌生於虛歲六歲春季入學。學生五十名中，只有兩個女孩。另一個女孩不久即退學，彌生成為全校唯一的女學生。學校距離鷺山醫院約三百公尺，彌生從不請假，每天認真地去學校上課。

當時的小學分上等四年、下等四年，總計八年，義務教育是三年。彌生十四歲時畢業。換算為現代學制，相當於初中二年級。

雖說是小學，但當時的小學課程和現代完全不同，不但沒有體操或音樂、美術之類的課程，而且還都是相當難懂的漢文、地理、歷史等。

只是，即便彌生是村落的女秀才，可這麼偏

《東海道五十三次》中驛站之一掛川宿，歌川廣重（Utagawa Hiroshige, 1797-1858）畫。

僻的鄉下地區，怎麼會出現一位名留青史的女子呢？

首先，村落中有訂報紙的，除了村公所，便只有鷲山本家和鷲山分家醫院。鷲山分家醫院甚至訂了三份不同報紙。彌生從小就經常看報紙，從報紙中探知明治新時代的氣息。其二，兩個同父異母哥哥都在東京學醫。其三，父親鷲山養齋是村落裡的名士，亦是指導者。

鷲山養齋的醫術是漢醫和西醫各半，不但可以開中藥材，也能用聽診器看病，更會用嗎啡止住病患的哮喘。

鷲山養齋不向窮患者收費，有時反倒送米給患者，實踐仁醫仁術。而且經常聚集村裡的青年，講授四書五經，更時常和村裡的迷信、邪教對抗。

換句話說，家庭背景是促成彌生日後成就的條件之一。不過，主要原因還在於彌生本人的意志堅定。

十四歲從小學畢業的彌生，一面在家幫忙家務，一面到寺院跟著住持夫人學習縫紉。這是當時女孩子的慣例，也就是說，要準備嫁人。實際上，彌生十四、十五、十六歲時，總計相了三次親，卻不知是幸還是不幸，三次相親都以失敗告終。

當時的財務大臣採用通貨緊縮政策，社會不

1890年，東京高等女子師範學校的制服。

景氣、稅金達到頂點，連土方村這樣的偏僻農村也受到影響。彌生經常傾聽夜晚來家裡借浴室洗澡的農家主婦們訴苦，有時也到鄰村聆聽改革黨的演講，報紙更經常報導自由黨女鬥士的活躍情況。小小年紀的彌生，心思完全不在「嫁人」或日後想當「賢妻良母」這類事上。

彌生家背面有一條小河，來取藥或來通知有急診病人的村民，都要越過架設在這條小河上的木板橋才能抵達醫院。然而，某次大雨沖走橋，村裡一直沒錢重新架設，為此，有事前往醫院的村民必須繞遠道前來。彌生見狀，暗地發誓：「如果我能賺錢，一定先架設小橋。」

可是，身為女子，該怎麼做才能賺錢呢？花費好幾天織布並縫製成衣服，頂多是自給自足罷了，無法賺錢。彌生想到的是「到東京繼續求學」。

當時的女子最高學府是東京師範學校女子部。前身是明治政府設立的東京女子師範學校，後來與東京師範學校合併，成為女子部。之後，東京師範學校又成為高等師範學校（現今的筑波大學），女子部則在明治二十三年（一八九〇）獨立為女子高等師範學校（現今的御茶水女子大學）。

1894年，鹿鳴館時代告終，回到國粹時代，東京高等女子師範學校的制服又換成和服。

可是，仔細打聽過後，彌生才明白東京師範學校女子部的入學考試很難，高等小學畢業的彌生完全缺乏資格報考。想來想去，彌生想到「濟生學舍」[4]。

濟生學舍是位於東京本鄉的私立西醫醫學院，彌生的兩個哥哥都在濟生學舍學醫。何況「濟生學舍」在彌生小學畢業那一年，因學姊高橋瑞子[5]的努力，准許女子入學。而高橋瑞子之前還有一個日本第一位考上國家執照的女醫師荻野吟子[6]。

彌生十七歲時，向父親訴說日後想成為醫生的願望。不料，既是知識分子又是村落名士的父親堅決不答應。

當時的男性都如此，無論教養或社會地位多高，對女子的看法一律是「乖乖嫁人」。彌生為此和父親陷入冷戰狀態。例如，彌生於夜晚自學醫學教育不可欠缺的化學和物理書時，父親總會悄悄熄掉油燈，不讓彌生學習。

如此冷戰了兩年，彌生十九歲那年春季，湊巧哥哥從東京返鄉，描述了許多在濟生學舍學醫的女學生現況，替妹妹說情，父親總算屈服。召開親屬會議的結果，好不容易才允許彌生到東京學習兩年。

明治二十二年（一八八九年）四月，彌生終於跟著哥哥一起進京。

女醫學生座談會

濟生學舍創設於明治九年（一八七六），是日本第一家私立西醫醫學院。校長長谷川泰[7]原為長崎醫學院校長。

當時，國立醫科大學（東京帝國大學醫學系）或公立醫學院的畢業生，可以直接當醫生，但是，其他沒錢上大學或學歷低的人，必須通過醫術開業考試才能拿到執照。用現代眼光來看，「濟生學舍」算是為了報考醫生執照的補習班。

濟生學舍起初也是男子學校，後來經高橋瑞

子的努力，才對女子開放門戶。沒有入學考試，任何人都可以入學，但也沒有所謂的畢業年限，只要考上執照，就算是畢業。

長谷川泰的教育方針是來者不拒，定員三百名的禮堂總是擠滿了五百多名學生。彌生入學時，高橋瑞子已經畢業，其他以前期考試為目標的學生約三百五十名，以後期考試為目標的學生約二百五十名，女子不滿二十名。

女子座位設置在教室講壇附近。只是，穿木屐的男學生可以踩著桌子到前面搶座位，女子可就辦不到。每當女子進教室，男學生便會用手指敲桌子發出「噓」、「噓」聲，或全體用木屐跺地板。

教室充滿著男尊女卑意識，以及男學生對女性的鄙俗露骨興趣。這些都難不倒彌生，畢竟哥哥曾警告過。令彌生最頭痛的是無機化學、生物、物理等授課內容，她完全無法理解，甚至不能作筆記。所幸有兩個哥哥幫忙，身邊的參考書也齊全，刻苦學習了三個月，總算跟得上課程。

教室中的女子座位類似租界，男學生不時丟紙球過來，寫的內容都是些戲弄女學生的猥褻情書。彌生沒有空閒理睬男學生，她只想聽課、作筆記。為了讓男學生安靜，彌生認為女學生應該團結起來對抗。

然而，這個租界的團結竟比登天還難。女學生中，有些人和彌生一樣，只讀過高等小學，有些則畢業於高等女子學校或女子師範學校，不但有人妻，也有當母親的，年齡、境遇各式各樣。唯一的共通點是希望能考上醫生執照，這樣的團體根本無法產生友情或建立連帶感。

此時，學校發生一件令女學生不得不團結的大事。

從長谷川泰日後成為議員這點來看，也知道他是個政治迷。男學生似乎也受到校長的影響，每逢週日，都有人在禮堂召開議論時政的政談演說。彌生在少女時代便經常聆聽女鬥士的政談演說，因此，某日，她禁不住和其他女同學一起進入會場觀看。

那時，有個矮胖男學生在講壇黑板寫了「特異性細菌」一詞，並口若懸河地煽動台下的學生，道：

何謂特異性細菌？就是深入我們這個神聖男子學校中，引導學生走向腐敗墮落之途的女子。我們必須盡快驅逐這些細菌。

直接在會場聽到以及間接聽聞的女學生，都異口同聲地發怒。學校當局完全是放任主義。如果女學生不團結起來保護自己，男學生不知會做出什麼無法無天的事。結果，由彌生和另一名學長擔任幹事，組織了「女醫師學生座談會」。

彌生又向已經成為女醫師在社會活躍的學長們求助。

「女醫師學生座談會」進行了各種活動。譬如，以前每逢學生在醫院接受臨床講義時，個子矮的女學生總是被擋在後面，看不到授課醫生的實驗，座談會向醫院提議後，女學生總算可以在前座聽課了。

通過開業考試

醫術開業考試分為前期和後期。前期考科是化學、物理、解剖、生理學。筆試之後還有現場考試。彌生入學一年後，通過前期考試。

雖說彌生的家庭環境極佳，入學前有足夠書籍讓她自習，入學後又有兩個哥哥在一旁幫助，但是，彌生畢竟只是高等小學畢業而已，竟然能通過前期考試，這點確實令人佩服。

報考的女學生十六名，合格者僅四名。明治二十三年，二十歲的彌生和其他合格者第一次到淺草玩，四人一起拍攝紀念照、到隅田川對面的向島的高級酒家享受高價日本料理。

後期的關口是婦產科、內科、外科、眼科、病理。

1890年，醫術開業前期考試及格紀念，最右邊是吉岡彌生。

經過兩年的準備，彌生於明治二十五年（一八九二）春天報考了後期考試，結果落榜。前期和後期考試都在每年春天和秋天舉行，同一年秋天，彌生再次挑戰，這回成功通過。二十二歲的女醫生在此誕生，日本第二十七號女醫師。

取得執照後，鄉里父親催逼女兒回老家，但彌生自知實力不足，遂到當時正在蓬勃發展的順天堂醫院實地進修外科手術。

明治二十六年（一八九三）元旦，父親終於親自上京來接女兒回鄉。父親起初說要在鄉里辦桌慶祝，彌生心不甘情不願地跟著父親回土方村，結果，父親竟然要她負責離土方村四公里遠的分院，而且橫須賀還另有一家分院。長兄還在東京進修，二哥入贅別人家，在靜岡的醫院工作。

鷲山醫院繁榮到擁有兩家分院的地步，原本是件可喜事，但彌生到分院之後，才知道父親在分院另有個小老婆。彌生從小目睹母親為了家庭和父親而萬分辛勞，不敢告訴母親實情，只能向父親抗議。無奈，狡詐的父親又將她分發到橫須賀的分院，躲開女兒的抗議。

在橫須賀分院，彌生必須兼顧內科、外科、耳鼻喉科，有時還得為患者治療牙齒。不過正因為一個人要負責所有疾病，反倒成為求之不得的經驗。但彌生沒有放棄好學心。她還想到東京磨練醫術，甚至想像學姊高橋瑞子那般前往德國柏林進修。

彌生抓住機會請求父親讓她進京。父親因女兒手中握著自己的「弱點」，不得不答應。這是明治二十八年（一八九五）六月的事。

學德語，嫁老師

學醫最重要的外語是德語。

彌生經常痛感自己的德語學得不夠。某日，她在報紙廣告欄看到一家德語私塾「東京至誠學院」，立刻前往報名。院長吉岡荒太[8]是佐賀縣人，比彌生年長四歲。

再度上京後，彌生除了學習德語，也在創立於明治八年（一八七五）的「跡見女子學校」[9]選修國文、插花、茶道。

她自高等小學畢業後，便一直在刻苦學醫，雖然考上醫師執照，畢竟還缺乏一項東西，正是美學素養。

世間的中流階級女性，大部分都在高等女子學校接受了國文、日本文學、插花、茶道等美育教養，彌生沒有。她算是跳過這個階段直接闖入醫學界，因此在她和吉岡荒太陷入戀愛後，她才驚覺必須彌補這些素養。

吉岡荒太的老家世世代代是醫生。他原本應該繼承家業，不幸在高等中學時因病退學，後來靠自習通過前期開業考試。為了報考後期的考試，開了德語私塾以賺取生活費。

他底下還有兩個弟弟，大弟在學習英語，小弟在濟生學舍學醫，兩個弟弟的所有費用都靠大哥支撐。於是他決定放棄醫學，打算讓小弟繼承家業，他自己則專心經營德語私塾。狹窄的房子收容了三十名住宿學生，通學的彌生每天在玄關旁三張榻榻米大的會客室接受個人教授。

沉默寡言的吉岡荒太後來是請弟弟代他向彌

1906年的吉岡彌生。

生求婚的。

這時期的彌生，白天除了學習德語，也在跡見女子學校上課，夜晚則開了一家夜間診所。

兩人結婚後，丈夫又增加了英語、漢文、數學三課程，將德語私塾擴大為高等補習學校。

彌生結婚後翌年，父親陪進京升學的彌生的妹妹前來，因看不過女婿經營的學院外觀太寒磣，資助了金錢，讓女兒夫婦搬到更體面的大洋房。

入學者約一百五十人，寄宿學生三十人。看上去是華麗的出發，但是，吉岡荒太不善經營，彌生又與算盤世界無緣，事業推動不易。彌生只得中止自己的美育學業，關掉夜間診所，單獨一人肩負起學院的行政、會計、發送講義、舍監等所有業務。

儘管如此，赤字仍不斷增加。湊巧學院斜對面的醫院搬遷，彌生乾脆租下空著的醫院建築物，開了「東京至誠醫院」。明治三十年（一八九七）歲末，二十七歲的彌生再度以女醫身分復活。

擔任院長的吉岡荒太一面欠債一面經營學院，忙著授課、寫作、翻譯，健康狀態逐漸變壞。明治三十二年（一八九九），彌生親自診察丈夫，才發現他糖尿病已相當嚴重。她當下主張以治療身體為先，關閉了學院。

之後，彌生變成事業主，生病的丈夫則在幕後支撐彌生，確立了夫婦的分工職責。

創立日本第一所女醫學校

明治三十三年（一九〇〇）九月，彌生的母校濟生學舍決定禁止女子入學，並趕走在學中的七十五名女學生。理由是男女間的風紀問題比之前更惡化，甚至發生暴力事件，導致學舍陷入混亂狀態。

創立東京女醫學校當時29歲的吉岡彌生。

之前視女學生為「特異性細菌」的男學生，受甲午戰爭後的社會散漫風潮影響，開始胡亂追求女學生。恰巧文部省也表明今後只准許大學和醫學院畢業生取得醫師執照，濟生學舍為了升格為大學，決定捨棄容易引起問題的女學生。

對因各種理由而無法進大學的女子來說，濟生學舍是唯一的教育機關，禁止女子入學等於斬斷女子的前途，彌生很想拯救這些女子。

現代日本有時也會進行男女同校的優劣議論，何況是當時。特別是醫學教育，實習生必須輪流當患者，接受各式各樣的模擬診斷以及模擬治療。彌生因為經歷過女學生在眾多男學生面前暴露身體的辛酸體驗，早就想設立只有女子的醫學教育機關。她和丈夫商討，丈夫立即贊成。

同一年十二月，夫妻倆就在東京至誠醫院大門掛起「東京女醫學校」的招牌，教室是醫院

1917年，吉岡荒太的德語授課光景。

內的一室。丈夫荒太負責教授物理和化學，彌生負責教授生理學和解剖。最初報名入學的女子僅有四名。

日本第一家女醫學校便如此誕生，而且，直至第二世界大戰後，長期以來始終是日本國內唯一的女醫培訓機關。

1917年，東京女子醫學專門學校正門。

翌年五月，學校總算從至誠醫院的一室遷移至更大的平房，以便女學生可以寄宿。學生數約二十名。

可是，經營愈來愈苦。彌生只能回土方村設

法籌款。好不容易從父親手中借來二百圓，父親一直勸彌生關掉東京的醫院和學校，回鄉里另辦醫院。

彌生回到東京後，父親又遣來三名親戚力圖勸說彌生返鄉。彌生毅然回答：

1930年竣工的東京女子醫科大學附屬醫院，目前還在使用。（photo: Kentin）

「學校不是為了我個人利益而辦，是為了日本女醫的將來。」

明治三十五年（一九〇二）六月，彌生產下一男孩。三十二歲時的第一胎，費時二十小時的難產，但彌生仍讓所有學生全程參與並觀看自己分娩的樣子。換句話說，當時的「東京女醫學校」是一家缺乏實習設備，更缺乏人體材料的窮醫學院，校長的彌生只能不顧羞恥，主動成為學生的實驗台。

兩年後，學校再度遷移至陸軍獸醫學校遺址的建築物，這是學生在散步途中發現的。學校經營依舊入不敷出，但彌生還是咬緊牙關買下建築物。

建築物很舊，卻是適合醫學院的西式建築。如此，外觀就緒，可是，設備仍舊貧乏。學校裡只有一副頭蓋骨標本、一台顯微鏡、十數根試管。

教育家的吉岡荒太在這家女醫學校付出他生前最後一把熱火。

現在的東京女子醫科大學附屬醫院中央棟病房樓。（photo: Kentin）

校長的彌生忙著對外的活動，既是學校校長兼教授，也是至誠醫院的院長兼醫生。因此，學校內部的所有業務都由吉岡荒太承擔。他不但負責教授德語和生理學，也是寄宿女學生的舍監，在宿舍和學生們一起寢食。學生們都稱呼他為「大先生」，視他為父親。

日俄戰爭後的明治三十九年（一九〇六）起，眾多女性因戰爭而失去父親和丈夫，走投無路的例子到處可見。年輕女性開始萌生必須學得一技之長，以便日後能自立謀生的自覺。而且，戰後的經濟發展也確實令社會急需職業婦女。明治四十四年（一九一一）的「青鞜」運動，正是這股女性自立思想潮流的果實。

「東京女醫學校」的規模也隨著這股潮流日增月益，五、六十名學生數一口氣增至二百多名。至誠醫院的患者數也增多，可以將醫院的利益轉撥至學校當設備費。

明治四十一年（一九〇八）十二月，東京女醫學校建校第八年，總算送出一名畢業生。並非學習年限是八年，而是當時的學生必須通過前期、後期的開業考試才能算畢業。建校多年，卻從未送出一名畢業生的話，會影響學校的存在價值。因此，東京女醫學校出現第一屆畢業生的意義非常大。

文部省早就於明治三十七年（一九〇四）十月公佈，十年後將廢止現行的醫師執照考試制度，只限醫學專科學校畢業生報考。彌生的女醫學校必須在這段期間內晉升為專科學校。

實現夫妻倆共同的夢想

文部省規定的醫學專科學校必要條件有三：之一，擁有各科診療所的附屬醫院；之二，患者病房二十五間；之三，一年解剖二十五具實習用屍體。

東京女醫學校勉強具有第一個條件，但醫院沒有各科的診療所，其他條件更不用說了。彌生和荒太再度開始拚命奮鬥。明治四十五年（一九一二）三月，也就是大正元年，終於升級為「東京女子醫學專門學校」。

大正六年（一九一七）二月，文部省實施第一回新制度的醫師執照考試。東京女子醫專的四十六名報考生中，二十七名合格。三年後的大正九年（一九二〇）三月，東京女子醫專成為免試的指定校，亦即畢業生不用考試便能取得醫師執照。

然而，諷刺的是，荒太的健康狀態也逐漸惡化。

大正十年（一九二一），彌生為了將來能讓東京女子醫專升格為大學，開始著手三層樓大禮堂建築工程。翌年四月，舉行大禮堂竣工儀式。荒太讓人攙扶著走到入口，結果仍無法爬到三樓。七月五日，荒太結束了五十五年的一生。

丈夫荒太的夢想，也就是妻子彌生的夢想。目標都是讓學校升格為大學。為了實現夫妻倆共同的夢想，彌生還得單獨一人苦鬥長達二十多年的光陰。

大正十二年（一九二三）九月的關東大地震，東京至誠醫院全部燒毀。大正十五年（一九二六），收容四百七十人的鋼筋混凝土宿舍完成。昭和五年（一九三〇），地上六樓、地

現在的東京女子醫科大學總部。

下二樓的鋼筋混凝土附屬醫院竣工。本來打算建築正式學校，但昭和六年（一九三一）九月發生「滿洲事變」（九一八事變），翌年又發生「第一次上海事變」（「一・二八」事變）等，昭和十二年（一九三七）終於爆發戰爭，繼而往第二次世界大戰突進。

建築費猛漲，彌生不得不推遲正式學校的建築工程。

昭和二十年（一九四五）四月十三日的空襲，令東京女子醫專、至誠醫院、彌生的宅邸全部化為灰燼。只留下學校附屬醫院和宿舍。二次大戰後彌生用賣掉宿舍的資金，租借了兩棟原本是陸軍會計學校的建築物，土地六千坪（約二公頃），不斷重建和增建，總算有個學校的外觀。

可是，隨著民主化潮流興盛，學園內也刮起成立於昭和二十一年（一九四六）的工會鬥爭運動風暴。

接著是昭和二十二年（一九四七）四月，教師職務放逐（開除教職）、公職放逐（開除公職）這把大鐵鎚擊在彌生頭頂。

理由是彌生在戰爭期間擔任過愛國婦女協會評議員、大日本婦女協會顧問、大日本聯合青年團理事長、大日本青少年團顧問等。她必須

吉岡彌生的著書。

承擔「超越教育家的立場，積極配合戰爭執行」的責任。

有關這點，我想破頭也想不通。無論我參考了多少書籍，只能得出「在當時，沒有人敢反對戰爭，若有人反對，只有死路一條」的結果。彌生應該無罪。只是，在戰後那種混亂時期，確實發生了許多現代人完全無法想像的不合理事件，我想，彌生的「戰爭責任追究」應該也是其中之一。

走了半世紀的醫科大學路

在彌生被革除公務的期間，由其他醫院院長擔任學校校長，附屬醫院院長則讓從德國留學歸國的荒太的小弟負責，同樣到德國留學的彌生的兒子也加入經營團隊，協力進行讓東京女子醫專升格為大學的運動。

昭和二十六年（一九五一）八月，彌生的公職放逐才被解除。這時，彌生已經八十一歲。同一年，爭議了四年之久的學園工會運動問題也解決了。

昭和二十七年（一九五二）二月，東京女子醫專終於獲得新制醫科大學的認可，成為「東京女子醫科大學」，八十二歲的彌生擔任首任校長。

回頭想想，從至誠醫院的一室、六張榻榻米大的房間、四名學生起步的東京女醫學校，直至今日的東京女子醫科大學，其間流逝的歲月長達半世紀有餘。

昭和三十四年（一九五九）五月，彌生終於拉下她艱苦奮鬥八十八年的人生之幕。

目前，位於東京都文京區的東京女子醫科大學本館中庭，有創始者的吉岡荒太和彌生夫妻倆的銅像。本館二樓有吉岡彌生紀念館。故鄉靜岡縣掛川市亦有吉岡彌生紀念館。

附帶一提，東京女子醫科大學另存放著日本第三號女醫，高橋瑞子的原型骨架。

1 掛川市（Kakegawa-shi）。

2 土方村（Hijikatamura），現已不存在。

3 鷲山養齋（Washiyama Yōsai）。

4 濟生學舍（Saisei Gakusya），現今的日本醫科大學前身。

5 高橋瑞子（Takahashi Mizuko, 1852-1927）。日本第三位獲得國家執照的女醫師。（請參見《明治日本——含苞初綻的新時代、新女性》，遠流出版）

6 荻野吟子（Ogino Ginko, 1851-1913）。日本第一位獲得國家執照的女醫師。（請參見《明治日本——含苞初綻的新時代、新女性》，遠流出版）

7 長谷川泰（Hasegawa Tai, 1842-1912）。新潟縣人。幕末時期為越後長岡藩（長岡市、新潟市）軍醫，明治維新後創立「濟生學舍」。曾任內務省衛生局長、眾議院議員。

8 吉岡荒太（Yoshioka Arata, 1867-1921）。明治、大正時代的教育家。

9 現今的「跡見學園」（Atomi Gakuin），包括跡見學園中學、高中、女子大學。

川上貞奴（Kawakami Sadayakko，一八七一～一九四六）
日本第一號女優

伊藤博文寵愛的名妓

川上貞奴本名小山貞[1]，生於明治四年（一八七一）。

母親是曾在江戶城做過女侍的美人，而且是經營書籍鋪、藥鋪、當鋪的大商店老闆的獨生女。父親是入贅女婿，為人老實，可惜無法應對動盪時代，家產逐漸衰落。明治十年（一八七七）西南戰爭爆發時，再也無以維持生計，遂將第十二個女兒小山貞送進花街芳町[2]的藝妓店。

川上貞奴，年代不詳。

在此先說明一件事，貞奴的父母送女兒進藝妓店，和一般貧窮父母賣女兒進妓院的意義完全不同。貞奴的父母是付錢給藝妓店老闆娘，拜託對方收為養女，代親生父母照顧女兒，並教導女兒一般女子無法習得的技藝。這是為了女兒的將來而做出的決定，並非賣女兒，畢竟藝妓和妓女的身分完全兩樣。

藝妓店老闆娘看到七歲的小山貞時，為她的美貌及聰明伶俐所折服，不但收為養女，還嚴格教導她名妓應該習得的所有技藝。這家藝妓店可是芳町數一數二的名店。

小山貞十四歲時，以「小奴」[3]之名開始接待客人，十六歲繼承第一代名妓的藝名「奴」[4]，正式成為藝妓。

「奴」這個藝名，在芳町藝妓界中是最高地位的家名，世代傳襲。據說第一代名妓的「奴」因病過世，之後始終沒有人能夠繼承此藝名，直至小山貞出現。

藝妓原則上是藝術表演者，並非賣身妓女，通常終生只有一名有能力照料藝妓日常生活一切所需之金錢援助的後台老闆。這個

川上貞奴，年代不詳。

1905年，演出《哈姆雷特》的川上貞奴。

後台老闆通常也是藝妓第一次委身的男人。

貞奴的後台老闆是當時的總理大臣伊藤博文，也因此，她的名聲極大，客人都是高官顯貴。

貞奴是個與眾不同的藝妓。明治二十二～三年（一八八九～九〇）時，便熱衷於騎馬、撞球、賭博等高級遊樂項目。當時的顯貴們視海水浴為健康運動，她很早就要求伊藤博文為她買泳衣，在神奈川縣大磯海岸展露自己與一般日本女子迥然不同的身材。

有一次更在大磯的著名旅館浴池洗澡時，用肥皂製出許多泡沫，讓其他客人啞口無言。與歌舞伎演員的艷聞也不僅二、三。不過，伊藤博文絲毫不計較貞奴的這些行為，寵愛有加。

法國《LE THÉATRE》雜誌1900年10月號封面的川上貞奴。

不可能有結果的初戀

貞奴如此奔放自由的行動，雖說有一部分是基於她生來的高傲脾氣，但真正的原因應該在於她的初戀。

話說貞奴還未正式成為藝妓前，某天在參拜成田山新勝寺歸途[5]，遭野狗群攻擊，從馬背落馬。那時出現一位救命恩人，是慶應義塾的學生岩崎桃介[6]。貞奴愛上了這名學生，但一方是大學生，另一方是藝妓，根本無法結緣。

桃介出生於明治元年（一八六八），老家在埼玉縣荒子村經營農業和廚房用具，從小便夢想成為大企業家。他頭腦聰明、五官端正，在當時算是走在時代先端的大學生，但也可以說是功利無情。

桃介或許也看上貞奴，卻不會為了藝妓而賭上自己的人生。當時慶應義塾的校長是福澤諭吉，而福澤的女兒又迷上桃介。桃介理所當然地以結婚為前提成為福澤家的養女婿，並靠福澤家的資助前往美國留學。

桃介在美國過著放蕩生活，用的都是福澤家的財產，而且生性風流，到處留情。但福澤諭吉根本不在乎有關女婿的謠傳。功利主義的福澤諭吉不會因溺愛女兒而做出錯誤的判斷，桃介也不會因愛玩而破壞福澤家的面子，萬事處理得毫無漏洞。

桃介回國後，和福澤諭吉的女兒結婚，一起前往北海道札幌就任。之後的桃介歷經各種苦難，以天生的智力和膽力在明治戰爭景氣時代中，成為日本屈指可數的投機商。不但擔任多數企業的重要職位，最後還登上電力界之王的寶座，實現了大企業家的夢想。在他數不清的龐大事業中，也包括經營帝國劇場，是帝國劇場會長。

這個桃介，正是貞奴晚年的後台老闆。

話說回來，貞奴愛上學生時代的桃介，但桃介是遙不可及的存在，結果，貞奴竟在明治二十七年（一八九四）宣布結婚。對象是壯士歌劇演員的川上音二郎[7]。

遇見壯士歌劇演員川上音二郎

所謂「壯士歌劇」[8]是明治時代中期，自由黨的壯士和青年知識階級的書生，為了傳播自由民權思想而創作的歌劇，日後發展為新派戲劇。

川上音二郎出生於元治元年（一八六四），福岡縣博多人，是家裡七個孩子的長子。十四歲時與母親死別，之後同繼母不和，離家到大阪，繼而前往東京，做過各種工作，卻都不持久，理解了社會的矛盾後，傾向民權思想。

他在各地進行議論時下政局的政談演說，被逮捕一百七十多次，實際服刑二十四次。根據音二郎的回想，他在第二十四次遭逮捕後，關進奈良的監獄，一年的服役期間，霍亂流行，許多監獄囚人也患了病。罹病的囚犯還未斷氣之前，監獄內便排列著寫上囚犯名字的棺材，其中也有掛著「川上音二郎」木牌的棺材。看著自己的棺材，他極度不安。

川上貞奴與川上音二郎。

音二郎後來恢復健康，出獄時，監獄長要他有時間時去一趟家裡。他立刻前去訪問，在監獄長家吃飯時，監獄長告誡他說：

> 我不明白你為什麼要做政談演說這種事，但是，你一個人再怎麼拚命，終究是螳臂當車。想扳倒這個世間，非常不容易。就跟爬富士山不一定非得從吉田口[9]爬的道理一樣，你從甲州口[10]或御殿場口[11]開始爬，照樣可以抵達山頂。你既然出獄了，乾脆換個方法如何？

監獄長的教誨條條有理，但音二郎也沒有因此而退出政治運動。只是，正好官方禁止政談演說，他才改變方向轉為政治講談。政治講談是政談演說遭打壓之後新出現的自由民權運動宣傳方法，以說書方式講解政界幕後祕聞或政治人物八卦。

音二郎雖然加入講解師團，登上舞台解說政

川上音二郎。

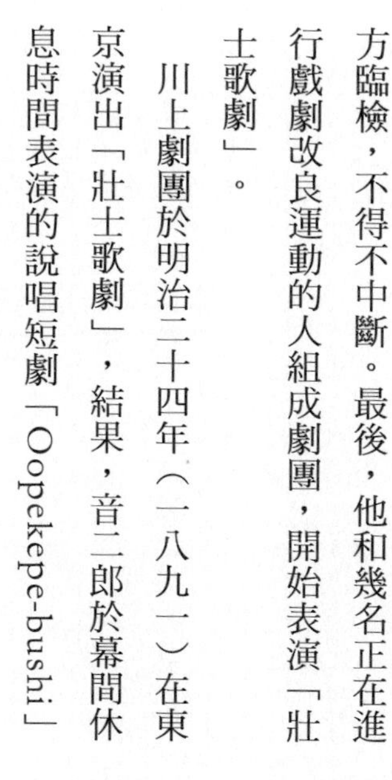
治小說或法國革命史之類的故事，卻經常遭警方臨檢，不得不中斷。最後，他和幾名正在進行戲劇改良運動的人組成劇團，開始表演「壯士歌劇」。

川上劇團於明治二十四年（一八九一）在東京演出「壯士歌劇」，結果，音二郎於幕間休息時間表演的說唱短劇「Oopekepe-bushi」[12]，大受矚目，一舉成名。

貞奴是在失戀後迷上戲劇，不知不覺中經常出入川上劇團後台，之後經藝妓店老闆娘及其他政界人物的安排，偕同音二郎在大倉喜八郎的別墅[13]整整過了三天，終於同意結婚。

日本於第二次世界大戰後受同盟國最高司令官總司令部（GHQ）之命，解散財閥，在這之前，大倉喜八郎算是日本屈指可數的政治特權商人，也是帝國劇場的創始人之一。

總之，大倉喜八郎的別墅不是一般人可以踏進的地方，伊藤博文及其他政治家經常借用此地進行密談。因此，貞奴和音二郎躲在大倉喜八郎的別墅那三天，到底捲入多少政商人士，如今已無法考據。後人只知道他們兩人的媒人兼證婚人是伊藤博文的親信金子堅太郎[14]。

婚後的一連串打擊

音二郎在明治二十六年（一八九三）曾前往法國進行了兩個月期間的巴黎戲劇視察，這趟出洋費用應該是貞奴的藝妓店老闆娘出的。音二郎雖然不懂法語，仍憑藉法國公使的幫忙，觀看了各式各樣的巴黎戲劇，學到許多技巧。

音二郎從法國歸來後，貞奴便辭去藝妓的工作，音二郎也設法籌錢分送結婚禮品給所有相關人士。

回國不久，音二郎在淺草劇場推出改編自歷史劇的戲劇，由於應用了在巴黎習得的舞台照明，贏得好口碑，座無虛席。

接著，甲午戰爭爆發。血氣方剛的音二郎聽聞「豐島海戰」[15]的捷報，馬上演出「壯絕快絕日清戰爭」，獲得成功。又以高級將校的侍從名義前往戰地，從朝鮮半島的平壤至九連城四處遍訪。回國後，推出「戰地見聞日記」[16]，人氣更旺。

音二郎乘勢打算進出歌舞伎座，在歌舞伎座舞台上演了「威海衛陷落」[17]。據說，外行演員登上歌舞伎殿堂是空前未有的破例，令通曉歌舞伎劇的所有相關人員既驚又怒。不料，戰爭結束，戲劇失敗，音二郎的夢想也落空了。

音二郎自巴黎回國後，為了改良戲劇，一直想擁有一座劇場，並不顧四周人的反對，開始建築。花了三年多，這期間靠戰爭戲劇賺來的錢都耗費在建築費用上，好不容易於明治二十九年（一八九六）七月在神田新設了「川上劇場」。劇場內另設置了飼育猴子、熊、狐狸等動物的小動物園。

但是，劇場雖如願開張，卻因為債務太多，連貞奴哭著向養母借來的五萬圓資金也立刻見底，高利貸逼得夫妻倆渾身無法動彈。表面看去很熱鬧的首演票房，也全部左手進、右手出地進入高利貸債主懷中。

為了打破僵局，音二郎於明治三十一年（一八九八）三月的第五次大選以及八月的第六次大選，以淨化政界和放逐高利貸的口號參加競選。兩次都落選，媒體臭罵他為「書生演員竟想參政，簡直是褻瀆神聖的國會會場」。音二郎不向輿論屈服，又租借歌舞伎座舞台，嘗試自主企劃的新派戲劇大聯合公演，卻因選錯了劇本，又遭盟友背叛，受到很大打擊。

川上音二郎，豐原國周（Toyohara Kunichika, 1835-1900）畫。

這期間，貞奴竭盡心力伺候音二郎，偶然得知丈夫在外面不但有女人，還有私生子，大怒之下，剪掉一頭黑髮，離家出走。對音二郎來說，真是禍不單行，只得拜託金子堅太郎男爵當調解人。夫妻倆雖然和解，但此事似乎嚴重傷了貞奴的心，令她在日後回想起來仍會悲傷不已。

川上劇場轉讓給他人，政界出馬失敗，大聯合公演也打錯算盤，夫妻倆只剩下一輩子也還不完的大筆債務。音二郎其次想出的怪點子，竟然是購買一艘船，來個夫婦海洋大探險計劃。據說，真正目的是偷渡出洋。

音二郎自商船學校買下一艘四公尺長的小船，裝載了糧食，於九月一日與貞奴一起從伊豆半島下田市出發。小船名為「日本丸」。此時的貞奴，或許認為事情既然到了如此地步，只能和丈夫同舟共濟，是死是活全認了。

不會掌舵的兩個外行人，進行的是一場沒有決定去向的魯莽海洋旅程。途中遭遇颱風，在大海漂流了兩天兩夜，好不容易才划進橫須賀軍港，遭軍港部長訓誡了一頓。夫妻倆又偷偷逃回小船，再度出海，最後駛回下田市。

九月十五日，報紙第一版大大刊出「撐著一葉扁舟，川上音二郎打算橫渡美國，很難判斷他到底是瘋了還是值得敬佩？」標題。

儘管如此，兩人依舊持續航海，有時順著海浪沖到河灘，有時遭海獅顛覆小船，翌年一月二日，兩人才駛進神戶港。一上岸，音二郎即大量吐血，當場送醫。這場只能說是愚舉的出洋計劃，眼看就要轉為泡影，豈知，音二郎竟在療養處收到國際公演策劃人櫛引弓人[18]帶來的美國巡迴演出邀請……。

美國滑稽之旅

明治三十二年（一八九九）四月三十日，川上劇團一行十七人搭乘貨客船，自神戶出發。途經夏威夷，五月二十三日抵達舊金山。兩日便之後在位於奧法瑞爾街[19]的「加州劇場」登場。

然而好景不長，後援老闆櫛引弓人因事業失敗而退出，劇團的淨利二千美元也遭從中斡旋的律師捲款潛逃。一行人被趕出酒店，全體落魄到露宿公園的地步。

住在舊金山的日僑，有人認為劇團一行人很丟臉，有人則基於同情而伸出救援之手，最後終於辦了一場義捐演出，湊到一些資金。可是，光靠這些資金，畢竟無法維持將近二十名成員的劇團，不但有人退出，音二郎甚至讓自己的姪女去當舊金山日僑的養女。這個姪女於日後嫁給當時活躍於好萊塢等歐美電影界的超級巨星早川雪洲[20]。

如此，劇團一行人從西雅圖路經塔科馬、波特蘭，來到芝加哥。音二郎用僅有的一點錢在偏僻城邊的簡易旅館租了一個房間，同妻子貞奴一起住進。其他劇團團員就假扮成訪客，輪流偷偷到房間過夜。

音二郎為了爭取劇團在劇場演出，馬不停蹄

地到處拜訪劇場，還特地去大使館請求領事相助，無奈全都落空。後來，由於某劇場的女兒是日本迷，終於租到星期日白天表演的舞台。

音二郎為了宣傳，和其他團員穿戴著戲劇小道具的鎧甲和頭盔，實施了一場日本武士隊遊行。三餐不繼的團員穿著沉重鎧甲，搖搖晃晃走在積雪的密西根湖畔大街，所幸海螺和陣鼓的響聲吸引了不少當地人的歡呼。星期日白天劇場獲得大成功。

當時，日本的戲劇沒有女演員，僅有旦角。這是因為德川幕府第三代將軍家光於一六二九年，以女人會擾亂風紀為由，禁止女人上舞台表演歌舞。這一禁，就禁了二百七十年。

但是，川上劇團抵達舊金山後，恰巧擔任旦角的演員之一突然病逝，而且在外國上演戲劇時，若沒有女演員根本無法成立，於是，音二郎便讓貞奴登上舞台代替旦角演員。藝妓出身的貞奴本來就擁有一身技藝，能歌善舞，芝加哥的星期日白天劇場更令貞奴大紅特紅。

之後，劇團順著地方城市巡迴表演直到波士頓。一行人在波士頓逗留了兩個月。那時，英國名演員亨利・艾爾文爵士[21]剛好在隔壁劇場上演莎士比亞[22]戲劇《威尼斯商人》[23]，結果，音二郎也讓團員演出日文翻譯版的《人肉抵債官司》。

莎士比亞版的《威尼斯商人》，主要登場角色是威尼斯大商人安東尼奧、放高利貸的猶太人夏洛克、在法庭裝扮成法學博士的富家女嗣波西亞。日文翻譯版的《人肉抵債官司》，由音二郎飾演放高利貸的日本商人，貞奴飾演村長女兒兼辯護，並讓其他團員飾演頭戴編笠、身穿白衣、吹著尺八的虛無僧當見證人。

總之，故事類似，但人物造型完全不同，台詞也是日語，途中再來一場武打戲……就這樣，也能吸引觀眾，賺得旅費。而且亨利・艾爾文爵士還特地前來觀看，並和音二郎會面對談。

之後，音二郎患上盲腸炎，因太忙碌而一直

延遲就醫，最後雖然動了手術，卻在日後成為致命傷。劇團其他兩名旦角也在演出期間病死，埋葬在波士頓郊外。

一行人來到華盛頓時，受公使幫助，在華盛頓公使館的派對上演歌舞伎餘興節目。此時，貞奴飾演的角色讓美國總統和國務卿深感滿足，令她益發名聲大噪。

一行人繼續前往紐約挑戰。在紐約時，附近某劇場正在上演法國寫實派小說家阿爾封斯・都德[24]原著的《莎芙》[25]，主演是英國著名女演員奧爾伽・奈瑟索爾[26]。劇中，一名男演員抱著奧爾伽上樓進入一間臥室，這段情節竟使奧爾伽以風化罪名遭逮捕。後來無罪獲釋，演出也獲得成功。

音二郎利用奧爾伽遭逮捕的熱門事件，熬夜將《莎芙》改編為日本版的東洋純愛劇情，受到愛挑剔的保守派紐約婦女們的熱烈掌聲。貞奴也因此而收到紐約貴婦人協會的邀請函，並被選為女演員俱樂部名譽會員。

比起當演員，音二郎更擅長經營，接二連三想出新奇演出。不過，川上劇團之所以能在歐美成功，一方面基於當時在英國及法國掀起的和風熱潮「日本主義」[27]，另一方面是貞奴的外貌。

十九世紀中葉，西方列強打開了長期鎖國的日本門戶，又通過各國的通商條約，日本美術品大量傳入西方世界。其中，浮世繪更給予印象派畫家很大影響，梵谷[28]大概是著名畫家中受浮世繪影響最深的人，其他印象派畫家或作曲家均受到浮世繪的啟發。

在這種和風熱潮中，川上劇團以類似歌舞伎的演出在舞台上表演戲劇，一下子出現武士，一下子又出現虛無僧，台詞是日語，貞奴又穿著各式各樣的和服飾演各種日本女性角色……說穿了，就是歐美人嚮往已久的浮世繪世界突然出現在劇場舞台，不紅才怪。

而貞奴本來就是藝妓，對歌舞這方面的造詣當然很深。只是，她在婚後始終躲在川上劇團幕後，是音二郎讓她開花綻放，也可以說是異國觀眾讓她大放異彩。

接下來，音二郎的目標是歐洲，在巴黎舉行的萬國博覽會。只要在巴黎萬國博覽會獲得成功，等於站在受人矚目的世界舞台。

明治三十三年（一九〇〇）四月二十八日，一行人搭乘客船自紐約啟程。據說，此時的貞奴，身上只剩下二百六十美元。

貞奴征服花都巴黎

在英國倫敦，音二郎憑藉於波士頓得到的亨利・艾爾文爵士的推薦信，得以在一流劇場上演。演出成功，又收到在威爾斯親王面前演出的喜報。一行人訂做了大禮服，前往白金漢宮，於中庭臨時設置的舞台演出「藝妓和武士」。其實日本傳統戲劇中沒有這齣戲碼，是音二郎混合日本傳統藝能戲劇的故事，臨時編出的劇情。

之後一行人離開倫敦，前往巴黎。抵達後，立即收到公使主辦的派對請帖，在各國外交官和政府高官面前上演「藝妓和武士」。此事於一夜之間廣傳巴黎社交界，川上劇團果然收到在萬國博覽會場新設立的劇場的上演邀請帖。

1901年，川上貞奴的版畫，奧地利版畫家 Emil Orlik（1870-1932）畫。

在此，除了上演「藝妓和武士」，也上演另一齣傳統劇，白天、夜晚各一次，總計七天。

若讓日本的歌舞伎劇專家來評論，可能會批評劇情過於曖昧，但在巴黎人眼裡看來，音二郎設計的舞台和劇情，充滿東洋情趣，相當於色彩繽紛的浮世繪世界。貞奴的和服、音二郎的切腹、日本傳統藝能的獨特樂曲音色，在在令巴黎人大開眼界。

英國文藝評論家第一把交椅的亞瑟・西蒙斯[29]，極力讚揚貞奴的演技。二十出頭的畢卡索[30]更留下貞奴的速寫，克勞德・德布西[31]也在《大海》[32]等代表作品中留下日本傳統樂曲的影響痕跡。

1915年，川上貞奴，名取春仙（Natori Shunsen, 1886-1960）畫。

貞奴在劇中彈的古琴樂譜，後來也在法國出版。法國女詩人茱蒂絲・戈蒂耶[33]在序文中大讚「貞奴給這個庸俗喧囂的巴黎市帶來真正的藝術，她的演出，品位高貴」，並給予「她是勝利，她是流行」的最高讚詞。不過，據說，貞奴為了巴黎萬國博覽會場的演出，費了不少心思，還特地向偶然來博覽會場觀看的日本新橋藝妓借用化妝用的稠白粉以及日本清酒。

日後，那些日本藝妓回憶道：「貞奴叫我們

1901年，川上貞奴。

1901年，川上貞奴，畢卡索畫。

去看戲，而且還說，看了一定會捧腹大笑，我們去看了。貞奴說的沒錯，起初以為在演《道成寺》[34]，劇情在途中又變成《名古屋山三郎》[35]，而且劇中還出現民間滑稽舞蹈。」

簡單說來，川上劇團將日本各種傳統以及民間藝能摻雜一起，類似把京劇、歌仔戲、布袋戲揉成一團臨時編製出的「新劇」。對根本分不清能樂、歌舞伎劇、淨瑠璃、義太夫節的西方人來說，等於上了一道「滿漢全席」，管它是滿或是漢，只要能滿足西方人的胃口便行。

有關這點，我想，往昔和今日大概差不多，現代西方人也是偏愛藝妓、武士之類的作品。但是，貞奴的演技及其歌舞造詣應該佔了更大成分，否則也不會得到法國政府頒授的藝術及文學勳章。法國總統甚至邀請貞奴和音二郎到愛麗舍宮參加遊園會，此聚會是萬國博覽會結束時的慰勞宴。

1900年，川上貞奴，畢卡索畫。

總之，貞奴成為巴黎社交界的明星。不但連日收到各種團體送來的邀請函，巴黎民眾更爭著想觀看她的振袖和服身姿。只要她乘的馬車出現在香榭麗舍大道，群眾便會蜂擁而來，高聲嚷著「yakko」、「yakko」，爭先恐後尋求握手。

日本商人當然不會漠視這股熱潮，據說，京都的和服商特地設計一款「yakko晚禮服」，大量出口，賺了不少錢。

巴黎的演出成功結束後，一行人途經布魯塞爾、倫敦，再搭乘日本的客船衣錦榮歸。抵達神戶時，剛好是明治三十四年（一九〇一）元旦。

回國後第一次公演，貞奴沒有參與，辜負眾人的期待，遭國內媒體及評論家嚴厲批評。不到半年，音二郎再次帶領將近三十人的劇團，前往德國、義大利、俄羅斯等各國巡迴演出。

川上劇團在歐洲各國依舊大受歡迎，沙皇尼古拉二世還賜予鑲有鑽石的鐘錶。翌年秋天回國。由於有過上次的教訓，這回音二郎仔細精選了劇本，專挑在國內演出過莎士比亞的《哈姆雷特》[36]、《奧賽羅》[37]、《威尼斯商人》等。這招非常成功。

音二郎和貞奴在美國、法國獲得成功之前，一是受傳統藝能界唾棄的書生演員，一是無法嫁給知識分子的藝妓，正因為兩人在國內都是底層階級，才能秉著開拓者精神在國外別出心裁，上演破天荒的戲劇。

但是，在國內的話，他們無法依樣畫葫蘆，不能表演那種混合各種日本元素，中途摻雜民間藝能舞蹈的雜七雜八劇。也因此，音二郎讓貞奴演莎士比亞的劇本，堪稱高招。

當時，日本人出國的目的，主要是從他國帶回技術和知識等的「留學」。日本政府派出的「岩倉使節團」巡遊美國、歐洲之後，僅二十數年，音二郎便帶著劇團出國，並獲得成功。這是前所未聞的壯舉。

向來蔑視新劇，重視權威的日本傳統藝能歌舞伎，於昭和三十五年（一九六〇）第一次在美國公演，比川上劇團遠遠落後了六十多年。

此外，當時日本國內的戲劇評論家以及劇本家，甚至演員、翻譯小說家，沒有人親眼觀看過真正的西洋歌劇。他們都是靠閱讀洋書而一

左頁圖：川上貞奴，西班牙畫家 Ramon Casas（1866-1932）畫。

本正經地論述莎士比亞，敘說何謂歌劇。也就是說，仍停留在改革戲劇的策劃階段。

但音二郎和貞奴實際在歐洲各國的劇場上演，觀看過各個國家的歌劇和舞台演出，讓他們上演莎士比亞的劇本，可說是天下無雙，舉世無匹。

貞奴的第二人生：與桃介再續前緣

打造出日本第一位女演員的音二郎，為了製作新劇而苦思焦慮，逐漸增強經營者的自覺，步向製片人之途。

日俄戰爭結束的翌年，明治三十九年（一九〇六），音二郎患上腹膜炎，再度動手術。靜養調理了一陣子，恢復健康後，明治四十年（一九〇七）六月，又同貞奴出國遊歷。

此次的外遊目的是為了建築新劇場的海外視察。主要落腳點是巴黎，約半年期間，音二郎和貞奴都在環遊劇場。除了受日本大使館之託於大使館新館落成慶賀當天演出餘興節目，以及受巴黎女子大學之託在巴黎的劇場上演一星期，另外是回國前的兩次實驗性公演，總計四次而已，其餘邀請全部拒絕。

音二郎在這半年中，似乎逐漸理解了小劇場的魅力。回國後，他在演藝雜誌連載了四次題為〈巴黎土產〉的文章，致力傳達西洋小劇場的優點。

音二郎的夢想終於實現了。明治四十三年（一九一〇），他在大阪興建的三層樓西洋劇場落成。彼時，他向媒體宣言往後將專心致志於演出，並同時對舊戲劇進行改革。無奈，票房成績不盡如人意，音二郎自知問題出在劇本，正打算著手寫新劇本時，舊疾腹膜炎復發。手術過程似乎不怎麼順利，明治四十四年（一九一一）十一月病歿，享年四十八。

臨終之際，貞奴特意將他抬進劇場，讓他在舞台上斷氣。

東京和大阪的新劇工會為音二郎主辦了盛大

葬儀，據說參加者超過一萬人。出殯時貞奴兩次昏倒，可見對貞奴來說，音二郎的存在非常重要。

音二郎過世不久，劇場便遭拍賣，貞奴則由於過度勞累而病了一陣子。

之後，貞奴在各地忙著音二郎的祈福演出、修建音二郎的銅像、償還貸款等。大正元年（一九一二）十一月號的《演藝畫報》刊載了一篇貞奴的採訪報導，貞奴在文中表明將繼承丈夫音二郎的遺志，一方面培訓女演員，一方面致力於戲劇的發展。

只是，那個時代，一個藝妓出身的寡婦，根本沒辦法帶領劇團在各地巡迴演出。貞奴開始成為演劇界和媒體的攻擊目標。

結果，貞奴在大正六年（一九一七）最後一場戲劇落幕後，終於告別了演藝圈。在幕後熱心幫忙這場引退演出的人，正是福澤桃介。

沒有人知道貞奴何時開始成為福澤桃介的側室，不過，音二郎去世後，貞奴遭演劇界和媒體排斥時，福澤桃介便已經對貞奴伸出庇護之

川上貞奴的海報，瑞士籍義大利版畫家Alfredo Muller（1869-1939）畫。

手。

這時的福澤桃介已非往昔的大學生身分，而是大企業家、電力王。

貞奴在福澤桃介的庇護下，平時住在名古屋市的大宅邸，夏季轉移至可以遙望金華山的岐阜縣岐阜市長良川岸邊的別邸，冬天再到靜岡縣熱海市的另一所宅子過冬。福澤桃介為了貞奴，還特地在名古屋近郊設立了一家紡織公司，讓貞奴當社長。

福澤桃介於昭和三年（一九二八）從第一線引退，成為日本電力業界的幕後人物。昭和十三年（一九三八）二月過世，享壽七十一。

雖然貞奴在晚年深受福澤桃介照料，兩人也經常相偕出入公共場所，恩愛非常，但據說，貞奴始終忘不了第一任丈夫音二郎，她內心真正思慕的人是音二郎。

貞奴於昭和八年（一九三三）用私產在岐阜縣鵜沼修建了一座貞照寺，正殿中央牆壁鑲著「貞奴一代記」浮雕。自開創川上劇團起，與音二郎在海洋遇難、美國歐洲的巡迴演出等，均按照年代並列。

福澤桃介過世後，貞奴也自世間隱退，過著專心禮佛的日子。貞照寺可能正是她求神佛的唸經之處。

1922年，長野縣木曾郡南木曾町的木曾川「桃介橋」開通紀念，左側是福澤桃介，第三人是川上貞奴。

岐阜縣鵜沼的貞照寺。

現在的「桃介橋」。（photo: Qurren）

貞照寺內的川上貞奴之墓。

愛知縣名古屋市舊川上貞奴宅邸。

選擇在這裡鑲嵌自己的往昔榮光，到底是懷念逝去的掌聲？或是通過浮雕，透過唸經，每天思念著音二郎和福澤桃介呢？

沒有人知道答案。

貞奴於昭和二十一年（一九四六）十二月去逝，享壽七十五。

日本江戶時代至明治時代初期三百多年來，商人、女人、戲子這三種身分始終居於社會底層，遭人唾棄。如今，商人變成人人羨慕的企業家、實業家，女人的社會地位也逐漸提昇，戲子更成為大眾追捧的「明星」。

每個時代都有其獨特的思想、觀念、價值觀，我們不能責怪時代潮流。但是，貞奴確實走在時代潮流先端，她為日本的女人，也為日本的藝人開出一條嶄新的路，堪稱日本第一號女優。

1 小山貞（Koyama Sada）。
2 芳町（Yoshi Tyou），東京中央區的舊名。當時東京的藝妓排名是「新橋」（Shinbashi）居首位，芳町居次。
3 小奴（Koyakko）。
4 奴（Yakko）。
5 成田山新勝寺（Naritasan Shinshou-ji），日本千葉縣成田市的寺院，真言宗智山派大本山。本尊為不動明王。關東三大本山之一。
6 岩崎桃介（Iwasaki Momosuke, 1868-1938）。日後的福澤桃介（Hukuzawa Momosuke/Tousuke），日本的企業家、電力王。
7 川上音二郎（Kawakami Otojirou, 1864-1911）。新派戲劇創始者，新派戲劇之父。
8 壯士歌劇，原文為「壯士芝居」（Soushi Shibai）。
9 吉田口，山梨縣方面的登山道，上山約六小時，下山約三小時二十分。大約六成的人都從這裡登山。
10 甲州口，古道。
11 御殿場口，靜岡縣方面的登山道，上山約七小時三十分，下山約三小時十分。
12 オッペケペー節（Oopekepe-bushi）。明治時代的流行歌，一種有節奏與押韻的說唱方式，類似現代的嘻哈音樂，但歌詞是諷刺世情的內容。
13 大倉喜八郎（Ookura Kihachirou, 1837-1928）。實業家，日本十五大財閥之一的大倉財閥創辦人。
14 金子堅太郎（Kaneko Kintarou, 1853-1942）。曾參與明治憲法的起草和制定，政治家。
15 豐島海戰，甲午戰爭中黃海海戰的一次遭遇戰，也是中日雙方第一次海戰，中方慘敗。
16 九連城，今日遼寧省丹東市振安區
17 威海衛，今日山東省威海市。
18 櫛引弓人（Kushibiki Yumindo, 1859-1924）。日本的國際公演策劃人，專門負責博覽會的演出節目。當時在美國大西洋城（Atlantic City），因策劃日本庭園而取得成功。
19 奧法瑞爾街（O'Farrell Street）。
20 早川雪洲（Hayakawa Sessue, 1886-1973）。二十世紀一〇年代中期至二〇年代晚期的超級巨星，地位堪與同時代的卓別林（Charles Spencer Chaplin）、范朋克（Douglas Fairbanks）等人相提並論。晚年參與《桂河大橋》（*The Bridge on the River Kwai*）的演出，並獲提名為一九五七年的奧斯卡最佳男配角獎。
21 亨利・艾爾文爵士（Sir Henry Irving, 1838-1905）。英國演員。他在戲曲《德古拉》（*Dracula*）飾演的吸血鬼造型及演技，均給予後世的吸血鬼舞台、電影很大影響。

22 莎士比亞（William Shakespeare, 1564-1616）。英國文豪，西方文學史上最傑出的劇作家與文學家，共有三十八部膾炙人口的戲劇流傳下來。

23 《威尼斯商人》（*The Merchant of Venice*）。

24 阿爾封斯・都德（Alphonse Daudet, 1840-1897），法國寫實派小說家。短篇小說〈最後一課〉（The last lesson）、〈柏林之圍〉（The Siege of Berlin）等作品均為世界短篇小說中的名著。

25 《莎芙》（*Sappho*）。公元前七世紀希臘著名女抒情詩人。

26 奧爾伽・奈瑟索爾（Olga Nethersole, 1863-1951）。

27 日本主義（Japonisme）。

28 梵谷（Vincent van Gogh, 1853-1890）。荷蘭後印象派畫家。

29 阿瑟・西蒙斯（Arthur William Symons, 1865-1945）。英國詩人、文藝評論家、雜誌編輯。

30 畢卡索（Pablo Picasso, 1881-1973）。西班牙著名畫家、雕塑家。

31 克勞德・德布西（Claude Achille Debussy, 1862-1918）。法國印象派作曲家。

32 《大海》（*La mer*）。

33 茱蒂絲・戈蒂耶（Judith Gautier, 1845-1917）。法國女詩人、翻譯家、評論家。法國著名文學家泰奧菲爾・戈蒂耶（Theophile Gautier. 1811-1872）的女兒。

34 《道成寺》（Douzyou-Ji）。歌舞伎、能樂等傳統藝能作品，故事是「安珍與清姬」傳說。

35 《名古屋山三郎》（Nagoya Sansaburou）。日本安土桃山時代武將，與妻子出雲阿國（Izumo no Okuni）同為日本歌舞伎之祖。

36 《哈姆雷特》（*Hamlet*）。莎士比亞的「四大悲劇」之一。

37 《奧賽羅》（*Othello: The Moor of Venice*）。莎士比亞的「四大悲劇」之一。

與謝野晶子（Yosano Akiko，一八七八～一九四二）

為愛而活的戀情詩人

書寫肉體感官短歌的女作家

日本自從在鎌倉時代[1]確立武士門第封建制度以來，女性在日本文學史便沒有任何出色的表現。嚴格的封建制度身分階級框架，將女性緊緊捆在戶內，令女性無法獨立，何來成就表現可言？

年輕時的與謝野晶子。

女性的生活方式被鑲在如出一轍的鑄模裡，她們無法在文藝界發揮才能，也是理所當然。

對比昔日的平安時代[2]，王朝女官文學姹紫嫣紅，紫式部[3]的《源氏物語》[4]、清少納言[5]的《枕草子》[6]、和泉式部[7]的和歌、右大將藤原道綱[8]母親的《蜻蛉日記》[9]、多數女作家編寫而成的《榮花物語》[10]等，至今仍是日本古典文學經典之一。這些由女作家主導的文學風氣，在世界文學史也是空前絕後。

然而，中世紀以後，除了初期幾名女作家猶如曇花一現，發出短暫而絢爛的光輝外，便只有短歌方面苟延殘喘地勉強支撐著女作家的命脈。

之後，長久的封建政治閉幕，迎來明治新時代。明治政府為了盡快建設能與列強並肩的現代國家，認可了女子接受高等教育的權利，准許女子入學師範學校、音樂學校等。如此，通過新時代的步伐，明治二〇年代，總算出現了一位承先啟後的女作家樋口一葉[11]，留下〈比肩〉、〈濁江〉、〈大年夜〉等名作，以女作家身分在明治文學史點上一盞華燈。

只是，若從平安時代的王朝文學隆盛期算起，竟然整整過了八百八十多年的歲月。

樋口一葉之後，在因循守舊的短歌世界颳起一陣明治新感性大風大浪，發揮其拔群出萃的才華，鼓翼奮飛的女性，正是與謝野晶子。

這柔嫩肌膚
這一腔澎湃熱血
君不來撫觸
整天高談人生論
難道你不覺憋悶？[12]

與謝野晶子的短歌作品，多數為描寫男歡女愛、肉體感官之美，風格鮮麗、豐盈。彷彿一

「化妝」，鳥居言人（Torii Kotondo, 1900-1976）畫，為木版畫作美人畫聯作之一。

道挾著萬紫千紅的花朵，在波光下粼粼中傾瀉而下的溪流，令蹈常襲故的文學界瞠目結舌。

當時的男性，尤其是青年，首次看到這種堂皇正大謳歌官能解放的女性作品，並通過這些作品，首次理解原來女子也擁有情慾與知性，於是逐漸成為與謝野晶子作品的俘虜。

另一方面，給予強烈指責的社會評論也不少。明治三〇年代仍殘留著根深柢固的封建道德觀念，對思想保守的男性來說，確實無法理解與謝野晶子的短歌到底想說什麼。

短暫的春季
天地萬物有什麼
不朽的東西？
於是讓他撫弄我
飽滿的乳房[13]

肉體感官和想像力是斬不斷的關係。就此意義來說，與謝野晶子的情歌是靈體合一的極致愛情。她的作品與直接訴諸視覺的現代色情影片不一樣，而是先攪亂你的心，再喚醒隱藏在你內心深處的情慾。

而且她終身只對一個男人持續獻出這些情歌。這個男人，正是她的丈夫與謝野鐵幹[14]。說實話，能對丈夫或同一個男人持續維持戀愛感情的女人，不但厲害且驚人，值得令同性為她豎起大拇指。

一般說來，即便最初愛得轟轟烈烈，日子一久，甚或在婚後不久，通常都會逐漸冷卻，只剩一截殘灰。並非沒有愛情，而是激烈的戀慕之情會逐漸演變為平穩的同志愛或類似手足的親情。試想，每天見面，彼此看慣了對方的日常散漫姿態，你如何持續燃燒戀愛的火焰呢？

但與謝野晶子對丈夫竟一直持續著戀人的激情。她為丈夫生了十二個孩子便是鐵證。不但如此，她還創作了多數精彩作品，給自己留下後人無以匹敵的女詩人、短歌作家地位。

無論身為詩人或女人，與謝野晶子的人生態

度，都可以說是第一流。

自幼才藝雙全的商家女兒

晶子於明治十一年（一八七八）十二月七日生於大阪府堺市。娘家姓「鳳」，是間甜點老鋪。晶子出生時，家裡上頭已有兩個同父異母姐姐和一個同母哥哥，當時因第二個兒子去逝不久，鳳家父親很期盼這次也是個男孩。

後來得知生的是女孩後，鳳家父親完全不隱藏失望情懷，並開始尋芳問柳。為此，鳳家母親健康受損，只能將仍是嬰兒的晶子送到親戚家寄養。三年後，弟弟出生，晶子才得以與親生父母一起生活。

少女時代的晶子，在經濟寬裕的家庭環境中長大。七歲起便學古琴、三弦琴、日本舞，更由於鳳家父親嗜好閱讀古典和漢文典籍，便讓聰明伶俐的女兒晶子去市鎮的漢學私塾唸書。

從小便是蛀書蟲的晶子，在私塾學了許多難懂的漢詩。她憧憬《源氏物語》裡的華麗世界，也崇拜漢詩裡的楊貴妃，很想盡快體驗一場即便拋棄性命也不後悔的熱戀，是個早熟少女。

晶子成長的堺市位於攝津國[15]、河內國[16]、和泉國[17]三國的境界，自古以來即為繁榮的商業城市，也是商港。戰國時代便開始進行自由貿易，並和朝鮮、琉球有貿易關係，是施行自治制度的自由城市。明治時代以後演變為工業城市，現時亦是大阪的衛星城市之一。

或許受成長環境影響，晶子不想過普通女人那般的人生。

她很想繼續求學，活出自己的獨特人生。無奈，時代是明治。

雖然父母讓晶子進女子學校讀書，但那也僅是當作女子婚前培訓課程的一環，並非真心要女兒習得很多學問，學的也淨是家事與縫紉。身為男性，哥哥可以離鄉到東京讀大學；身為女性，晶子只能乖乖在家靜待良緣。

從女子學校畢業後，晶子一面在家幫忙做生意，一面也認真投入《源氏物語》、《大鏡》[18]等古典世界，當然也貪婪閱讀島崎藤村[19]、樋口一葉等人的作品。

但是，因閱讀而勾起的昂奮情感，卻無人可傾訴。

這時，晶子身邊出現了一名年輕男子，是晶子家附近的寺院住持繼承人——河野鐵南[20]。晶子當時是「關西青年文學會」會員，河野鐵南也是會員之一。

根據晶子日後回憶，河野鐵南是個溫和體貼的知識分子，完全足夠條件成為戀愛對象。

晶子給鐵南寫了好幾封信。內容很大膽，接近情書。有些信還寫著「如果兩三天內仍沒有收到你的回信，我將去死」。

收到這種強烈的求愛信，河野鐵南想必很困惑。然而，鐵南毫無行動，沒有反應，導致晶子的戀愛也絲毫沒有進展。

不過，對晶子的人生來說，鐵南還是成為比初戀情人更重要的人物。因為鐵南的竹馬之友是晶子的終身戀人，也是晶子的丈夫與謝野鐵幹。

熊熊燃燒的戀情

與謝野鐵幹和晶子，是各自開闢個人世界的作家，不過，晶子的人生及其作品，均與既是老師，也是戀人，更是丈夫的鐵幹分不開。

二十出頭的晶子於明治三十二年（一八九九）二月起，用「鳳小舟」筆名或用「鳳晶子」本名，在「關西青年文學會」機關雜誌投稿新體詩、短歌。當時的作品便已經帶有豐富的浪漫情感。

與謝野鐵幹在明治三十二年十一月組成和歌改革的「新詩社」，將固有的「和歌」改為現代「短歌」。遠在大阪的「關西青年文學會」同人當然也踴躍支持。

「和歌」與「短歌」均為五・七・五・七・

七的五句體歌體，但固有和歌重視序詞（同音異詞的比喻）、緣語（聯想詞）、歌枕（地名、名勝之類的代用詞）等修辭。簡單說來，就是將至少數千字的描寫文凝縮為三十一個音節，因此需要某種程度的學問造詣才能讀懂固有和歌。與謝野鐵幹提倡的現代「短歌」則去掉所有修辭，但延續五句體、三十一音節歌體，並以直接傾訴的現代口語作詩。

翌年四月，聚集了天下秀才的機關雜誌《明星》創刊，同時，二十八歲的島崎藤村等年輕詩人們的作品也備受世人關注。

此時，主筆與謝野鐵幹二十七歲。

由各個都是二十多歲，朝氣蓬勃的青年詩人掀起的這股新詩風潮，激烈地席捲了當時的日本詩壇。鐵幹秉持著「有社友交情，無師徒關係」的方針經營新詩社，主張不模仿前人詩，應該創作自己獨特的詩，傾注了所有心血。

晶子雖然遠在大阪堺市，但比誰都清楚「新詩社」的革新運動。畢竟河野鐵南是鐵幹的童年好友，通過鐵南的訴說，晶子體內的詩人熱血必定洶湧澎湃。

不過，對晶子來說，「新詩社」和《明星》都仍是遙遠的世界，可望而不可及。

晶子二十二歲那年夏天，鐵南邀晶子一起到大阪觀看與謝野鐵幹的演講，並說要介紹兩人認識。晶子一顆心怦怦跳。那位有名的主筆詩人要從東京來大阪。而且可以直接對談！

不要說晶子了，這件事對所有「關西青年文學會」會員來說也是樁大事件。

鐵南帶著晶子前往大阪。晶子第一次看到鐵幹。創作英勇詩、雄風詩，綽號「虎鐵幹」的著名詩人，外貌和晶子想像中的形象不同，竟然是個膚色白皙、高個子的俊美青年。而且對方也看過晶子在「關西青年文學會」機關雜誌刊登的現代詩及短歌。

與謝野鐵幹熱情地邀請晶子也向《明星》投稿。晶子感激萬分，剎那間，傾注於河野鐵南的初戀之情完全消失，滿腔熱情全部移到鐵幹身上。

晶子在大阪那場演講席上認識了比自己小一歲的山川登美子[21]。

登美子外貌和她創作的短歌一樣，清純、溫柔。晶子和登美子立即成為好朋友。兩個女子同時迷上鐵幹，經常相邀見面，見面時也無止境地聊著鐵幹的八卦。只要有空，兩人便寫信給鐵幹，和現代偶像歌手與追星族女學生關係毫無兩樣。

鐵幹也經常鼓勵兩人，例如「想創作好詩，便去戀愛」，又例如「拜倫與歌德都是透過多場戀愛，將戀愛當作詩的糧食」等。兩人沒有辜負鐵幹的期待，接二連三地投稿《明星》。

病床上的你
用我柔軟的手臂
輕輕地圍繞
在你那發燒的唇
印上我的吻[22]

這首正是在這個時期刊登於《明星》的短歌。此時的晶子和鐵幹僅是主編與投稿者的關係，還未發展為戀人。

姑且不論這首短歌的作者長相如何，當時的年輕男子在雜誌看到如此充滿感官色彩的詩歌時，不為其瘋狂才怪。

我因發燒而躺在病床，妳不但願意照料我，還願意在我乾澀的嘴唇印上妳的親吻！

肉體感官和想像力是斬不斷的關係。缺乏想像力的話，怎能喚醒隱藏在每個人內心深處的情慾呢？

1902年，《明星》雜誌第2號。

山川登美子。

總之，晶子正是憑藉對鐵幹的迷戀之情，一首接一首創作出濃艷誘人的情詩。

鐵幹也深知這兩名少女的崇拜感情，為晶子取名為「白萩」（白花胡枝子），登美子為「白百合」，關愛有加。

晶子和登美子的短歌受注目後，《明星》的女性投稿者也隨之增加。她們互取「白梅」、「白藤」等雅號，在《明星》雜誌絢爛盛開。

巫山雲雨一夜妻

同一年秋天的十一月五日，鐵幹邀請晶子與山川登美子一起前往京都會面。

晚秋的京都，正是紅葉最盛時期。三人觀賞著濃淡相交的紅葉，各自懷著不同的心思，在旅館過了一夜。一首詩歌都沒作成。

當時的鐵幹正為了膝下已經有一個孩子的婚姻生活而苦惱。由於還未正式入籍，妻子娘家逼迫鐵幹入贅為養女婿，否則必須分手。雙方協商不成，鐵幹是懷著傷心情感順路前來京都的。

登美子也因娘家父母命她回故鄉結婚，不得不放棄閨秀詩人的前程，成為命運之神的犧牲者而不勝唏噓。

鐵幹的妻子娘家之所以轉為強硬態度，是因

為知道鐵幹過去和其他女人之間也有孩子（夭折）。如果只是風流過往，還有原諒的餘地，但鐵幹又毫無忌憚地和自己的弟子晶子、登美子公然親熱交往，導致富家獨生女的妻子也難消怒意。

鐵幹確實是著名的詩人，亦是《明星》雜誌的主筆兼經營者。但那是徒有其名，並不伴隨實質收入。由於妻子娘家是有錢人，鐵幹經常理所當然地去要錢。《明星》雜誌也是多虧妻子娘家的經濟援助才得以創刊。

據說，鐵幹的妻子為了不讓娘家父母擔憂，甚至典當掉自己的和服以支付房租。儘管如此，倘若鐵幹具有身為丈夫的誠意那倒還無所謂，可鐵幹仍只顧著「想創作好詩，便去戀愛」的詩人原則，惹得妻子娘家出面干預。雖然鐵幹拚命說服岳父，依舊無法挽回一切。

婚姻生活即將沒了，登美子也要嫁人，鐵幹的身邊只剩下死忠粉絲的晶子一人。

翌年一月九日，晶子在京都和鐵幹相會。這一晚，兩人跨越了師生關係，成為男女關係。次日，又一起過了一晚。自此以後，晶子宛如破繭而出的蝴蝶，不停飛翔，不停開闢自己的命運之途。

二月，晶子在寄給鐵幹的信中，附上一首相思情歌。

再見親愛的

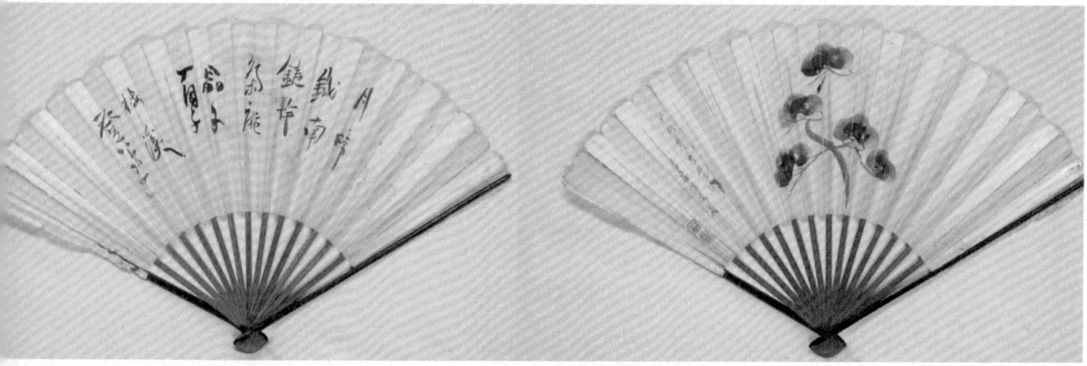

1900年8月，參加歌會時的紀念簽名。（福井大學附屬圖書館藏）

我是京都栗田春
你的兩夜妻
來世再邂逅之前
千萬別忘卻[23]

這首短歌在結集成《亂髮》時，改為另一首目前廣為人知的內容。可能是晶子和鐵幹商討後，認為公開實際地名不太恰當，於是在這首短歌中讓晶子假扮為驛站私娼，將兩夜改為一夜，換成幻想性比較濃厚的巫山夢裡之雲雨交歡。

再見親愛的
我是巫山之春裡
你的一夜妻
來世再邂逅之前
千萬別忘卻[24]

從上述短歌也可以看出此時的晶子對兩人的前途不太樂觀。即便鐵幹與前妻沒有正式入籍，在當時也算是公認夫妻，何況鐵幹的事業資金全靠前妻娘家提供。此問題一直拖到同年八月晶子的《亂髮》上市，解決了鐵幹的前妻娘家貸款問題後，九月才正式離婚。而鐵幹和晶子也立即在十月結婚。

總之，二十三歲的晶子在這一年六月辭親別弟離開家鄉，不顧世人的道德誹謗，從堺市迢迢一百三十里（約五百二十公里）來到東京，奔向有婦之夫的懷抱。

我的黑髮呀
千絲萬縷的黑髮
亂紛紛的髮
覆以混亂戀情心
亂呀亂呀亂紛紛[25]

我為愛瘋狂
身插火焰的翅膀

輕飄飄飛翔
一百三十里旅程
啊呀實在太慌忙[26]

弱男子「虎鐵幹」

鐵幹和晶子同居這事，果然大受世人指責。親屬中，以東京帝國大學工學學者的哥哥態度最強硬，始終不寬恕妹妹，兄妹陷入絕緣狀態。「新詩社」內部也批判晶子這樣做對兩人都沒有好處。

晶子的新生活並非甜甜蜜蜜，所幸八月出版的短歌集《亂髮》引發詩壇及世間極大迴響，雖然毀譽褒貶兼而有之，卻也帶來甚多的鼓勵和勇氣，讓晶子增添一份自信。

比起勇往直前的晶子，鐵幹這個男人實在缺乏自主性。他太愛惹草拈花，隨處留情，遭晶子指責時，老是用「我是詩人」這句話當擋箭牌。現實生活中的鐵幹和詩中的鐵幹完全是不一樣的兩個人，詩壇稱鐵幹為「虎鐵幹」，實際卻是個在經濟、精神方面都需要仰賴女人的弱男人。

晶子與鐵幹結婚，成為公認妻子後，才理解了前妻的痛苦。

而且鐵幹與前妻並沒有斷絕關係，每逢前妻來東京，鐵幹總是興高采烈地去見前妻，順便要求金援。這讓晶子非常痛苦，嫉妒萬分。同時，晶子也要繼前妻之後一把扛下經濟方面的

與謝野晶子的《亂髮》初版封面。

辛勞。雖然《亂髮》令晶子登上詩壇女王寶座，但當時的熱門書和現代的暢銷書不同，作者並非可以得到一大筆版稅。

家裡依舊沒有錢，詩歌不能當飯吃，但慕名而來的弟子有增無減。日後在文壇出名、自稱「明星派」的年輕文青佐藤春夫[27]、高村光太郎[28]、石川啄木[29]等，經常出入鐵幹家，晶子必須照料這些年輕弟子的生活瑣事。

這般那般的，晶子不停生孩子，也不停為了糊口而創作。接著，在日俄戰爭最高潮時，發表了著名傑作〈你不要死〉。這是晶子誤以為弟弟身處旅順包圍戰中，寫給弟弟的作品。

啊，吾弟，我為你哭泣
你千萬不要死去
你是家中最小的男孩子
父母格外疼愛你
他們何曾教你緊握利刃
何曾教你去殺人
不是讓你先殺人後葬己
養育你二十四年[30]

在當時那種舉國發揚國民鬥志、愛國精神的時期，這首詩分明是反戰歌。世間當然非難四

1911年，與謝野晶子以及雙胞胎。

與謝野鐵幹。

與謝野晶子夫妻，第一列，年代不詳。

起，「賣國賊」、「亂臣」怒聲一片。對此，晶子毫不畏縮，反倒站前一步高喊：「說出真心話，有何錯？女人本來就討厭戰爭！」

日後，晶子在隨筆內坦述，「我不想寫些男人喜歡的女人形象，我想寫的是真正的女人姿態，真正的女人情懷。」

晶子沒有說謊，她很坦白。但是，她也並非反戰作家，她只是擔憂弟弟會在戰場戰死，藉作品吐露真心而已。幸好她弟弟沒有戰死。

事實上，她後來又發表了好幾篇支持戰爭、美化戰爭的文章。她兒子在甲午戰爭以海軍大尉身分出征時，也寫了一首內容與前述反戰自由體詩剛好相反的短歌。不過，無論反戰或支持戰爭，晶子都沒有欺瞞讀者，即便思想缺乏一貫性，她的作品均出自真心。

對多次背叛的丈夫不離不棄

晶子為鐵幹生下六男六女，其中一人夭折。

與謝野晶子夫妻。

與謝野晶子。

育兒的日子不輕鬆，何況晶子還要賺錢養家。主要經濟來源當然是文筆工作。在這種家務事、育兒、沒錢等沉重的生活壓力下，竟然又發生了令晶子痛心的事。

往昔的戀愛敵手登美子成為含蓄、美麗的寡婦，回來了。

這時的鐵幹，名氣已經走下坡，夫妻地位逆轉，形成丈夫在背光處吃軟飯的立場。

《明星》雜誌於明治四十一年（一九〇八）十一月停刊，經營近十年，剛好一百期。停刊原因主要是自然主義文學興起，浪漫主義衰落，而「新詩社」內部的年輕詩人也不滿鐵幹不准同人在其他雜誌發表作品的獨斷專行，紛紛舉起叛旗。鐵幹等於陷入谷底。

登美子嫁人之前，鐵幹本來就比較喜歡登美子，登美子成為寡婦後，兩人隨即舊情復燃。對鐵幹來說，比起剛強的晶子，溫柔沉靜的登美子更能振奮男人的自尊。

晶子很懊惱。但這段婚外戀沒有持續太久，

登美子和過世的丈夫一樣，罹患肺結核，二十九歲時病逝。

妻子晶子在文壇的地位不斷上揚，丈夫鐵幹則被忘得一乾二淨。昔日稱呼鐵幹為「老師」的弟子，今日繞著晶子「老師」、「老師」地叫。鐵幹的胸中肯定很複雜。

為了讓丈夫恢復自信，讓丈夫再度燃起創作熱情，晶子想盡辦法籌了一筆出國費用，送鐵幹前往法國遊學。

晶子如何籌到這筆錢呢？

她不但向報社預支報紙連載的稿費，還在貼金屏風親筆寫了一百首短歌，限量銷售，不愧是商家女兒。但是，繁忙的寫作工作和接連不斷的分娩，應該已經令晶子的身子拉警報了，她卻依舊認為丈夫的事態才是當務之急。

就普通男人的立場來說，飛往法國的鐵幹理應如同出了籠的鳥，把妻子孩子都丟在腦後，盡情享受他的二度單身生活才是。可鐵幹這個男人，本質並不卑鄙，他一直寫信催促晶子也出國看看，要妻子開拓視野，以增廣見聞。

半年後的明治四十五年（一九一二），晶子終於將家裡七個孩子託付給小姑，隻身前往法國與丈夫會合。晶子出國時，據說送行人多達五百餘名。

1930年，與謝野晶子夫妻於京都府京丹後市琴引濱，右邊第二、第三。

火車逐漸接近巴黎時，晶子從車窗望見原野上的鮮豔紅花。那是五月的罌粟花。想到即將在異國和丈夫重逢，晶子滿心歡喜。

啊！五月五月
法蘭西的原野上
嫣紅似火焰
你是那朵罌粟花
我是這朵罌粟花[31]

婚姻生活十年，小別半年，晶子對鐵幹的戀情似乎再度燃燒起來。

兩人住在蒙馬特山丘附近的公寓，飽享了巴黎的生活。不僅巴黎和法國各地，他們也前往倫敦、維也納、柏林等地。不但和尊敬的雕塑家羅丹[32]見面，也將這些新奇體驗寫成文章，發表在報紙雜誌，日後又出了一本夫妻共著的書。

對晶子來說，這趟出遊的最大收穫是在歐洲各地看到的女性身姿。興盛的女權運動、寄宿處附近的娼婦生活、在商業區勇猛做生意的女性……各式各樣的女性人生，都是在島國日本無法目睹的生活樣式。這些經驗正是晶子日後熱衷於評論活動的導火線。

1930年，與謝野晶子夫妻於京都府京丹後市淺茂川海岸。

與謝野晶子在巴黎拍下的照片。

1911年，為了籌錢讓丈夫出國，與謝野晶子寫的限量銷售「百首屏風」之一。

正如鐵幹預想那般，晶子確實大開了眼界，增廣了見聞。

另一方面，晶子因懷上第八個孩子，想起留在東京的七個孩子，於十月匆匆束裝回國。晶子逗留在國外的這四個月期間，祖國年號已從「明治」改為「大正」。鐵幹於三個月後的大正二年（一九一三）一月回國。

十四個月的歐洲生活並沒有給鐵幹帶來工作上的成果，但是，夫妻關係確實更上一層樓。

率直燦爛的一生

與謝野晶子和鐵幹在巴黎接觸了歐洲氣息，各自恢復精神地回國後，兩人的社會地位落差愈來愈明顯。

晶子這邊是邀稿蜂擁而來，以女性領導身分向社會發言的機會暴增；鐵幹那邊則久違多年又出了一本詩集，卻乏人問津。

大正三年（一九一四）末，鐵幹為了維護殘

存不全的自尊心，離家出走；翌年，不顧身邊眾人反對，在京都競選第十二屆眾議院議員，落選。

仔細想想，鐵幹也真可憐，若非和晶子結婚，他大概也不用活得這麼辛苦。可回頭再細想，晶子算是他一手栽培出的千年奇花，其實他不用夾在男性尊嚴和現實生活間掙扎。無奈，時代是時代，若在現代，恐怕是不少男性求之不得的立場吧。

大正八年（一九一九），基於森鷗外的推薦，鐵幹就任慶應義塾大學教授。昭和二年（一九二七），夫妻倆在東京買了一棟房子，家庭生活總算安穩下來。

這時鐵幹已經五十多歲，晶子也五十歲了。

晶子在四十多歲時，暗戀過其他男人。對方是小說家有島武郎。她和有島武郎的關係到底進行到什麼程度，至今仍是個謎。

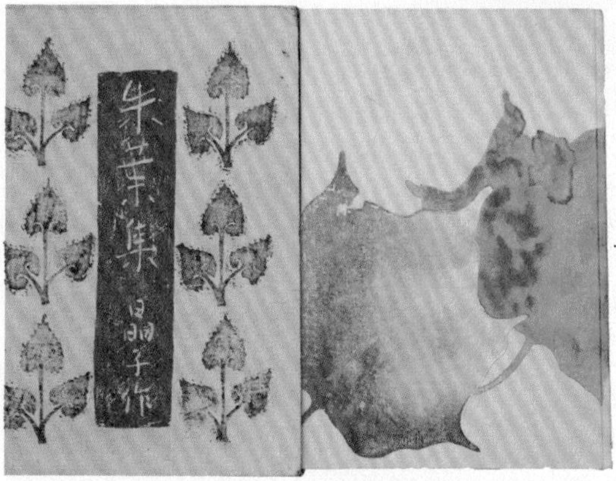

1916年，與謝野晶子的《朱葉集》初版。

不過，晶子沒有隱藏自己對有島武郎的愛慕之情，甚至在短歌哀嘆自己已非當年那個為愛瘋狂，身插火焰翅膀飛翔一百三十里旅程的年輕女子。她必須理性地處理自己的感情，何況雙方都有社會地位。

不料，有島武郎竟和女性雜誌記者陷入戀情，而且對方是有夫之婦，最後在輕井澤的別墅雙雙自縊殉情。真是諷刺啊！

總的說來，晶子是幸福的女性。她的照片可以證明這點。坦白說，無論年輕時或上了年紀後的晶子，都不漂亮。但是，她在巴黎拍下的照片，說真的，簡直判若兩人，非常美。

戀愛、生子、創作，中年

過後為同性爭取女權，再度戀愛（雖然很可能是暗戀）……她活得很率直，活得光芒燦爛。這樣的人生，還有何遺憾？

鐵幹於昭和十年（一九三五）病逝，享壽六十二。七年後的昭和十七年（一九四二），六十四歲的晶子也離開人世。

俄羅斯海參崴市，與謝野晶子的紀念石碑。

在最後那瞬間，晶子腦海裡浮出的，是不是在巴黎火車上看到的那群五月鮮紅罌粟花呢？

---

1 鎌倉時代（Kamakura Jidai, 1185-1333）。當時以鎌倉府為全國政治中心，武家政權時代的開端。

2 平安時代（Heian Jidai, 794-1185）。是日本天皇政府的頂點，也是日本古代文學發展的頂峰。

3 紫式部（Murasaki Shikibu）。

4 《源氏物語》（Genji Monogatari）。

5 清少納言（Sei Shōnagon）。

6 《枕草子》（Makura no Sōshi）。

7 和泉式部（Izumi Shikibu）。

8 藤原道綱（Hujiwara no Michitsuna, 955-1020）。平安時代中期的公卿。

9 《蜻蛉日記》（Kagerō Nikki）。

10 《榮花物語》（Eiga Monogatari）。女性寫給女性閱讀的歷史故事，暗諷日本平安時代貴族的奢華。

11 樋口一葉（Higuchi Ichiyō, 1872-1896）。

12 原文：柔肌の熱き血潮に触れもみで寂しからずや道を説く君。

13 原文：春みじかし何に不滅の命ぞとちからある乳を手にさぐらせぬ。

14 與謝野鐵幹（Yosano Tekkan, 1873-1935）。日本著名明星派抒情詩人。

15 攝津國（Settsu no kuni），領域包含現在的大阪市、堺市北部、北攝地域，神戶市須磨區以東。

16 河內國（Kawachi no kuni），領域相當於現在的大阪府東部。

17 和泉國（Izumi no kuni），領域為現在大阪府大和川（Yamatogawa）以南的部分。

18 《大鏡》（Ookagami）。日本平安時代後期完成的一部紀傳體歷史書。《大鏡》的意思是「反應歷史的一面優秀鏡子」。

19 島崎藤村（Shimazaki Tōson, 1872-1943）。日本詩人、自然主義文學小說家。

20 河野鐵南（Kouno Tetsunan, 1874-1940）。明治時代至昭和時代前期的歌人（和歌創作者），亦是寺院住持。

21 山川登美子（Yamakawa Tomiko. 1879-1909）。歌人。

22 原文：病みませるうなじに繊きかひな捲きて熱にかわける御口を吸はむ。

23 原文：君さらば栗田の春のふた夜妻またの世まではわすれゐたまへ。

24 原文：君さらば巫山の春のひと夜妻またの世までは忘れゐたまへ。

25 原文：くろ髪の千すぢの髪のみだれ髪かつおもひみだれおもひみだるる。

26 原文：狂ひの子われに焰の翅かろき百三十里あわただしの旅。

27 佐藤春夫（Satou Haruo, 1892-1964）。日本詩人、小說家。

28 高村光太郎（Takamura Kōtarō, 1883-1956）。日本詩人、雕刻家。

29 石川啄木（Ishikawa Takuboku, 1886-1912）。日本詩人、小說家、評論家。

30 原文：あゝおとうとよ、君を泣く，君死にたまふことなかれ，末に生まれし君なれば，親のなさけはまさりしも，親は刃をにぎらせて，人を殺せとをしへしや，人を殺して死ねよとて，二十四までをそだてしや。（原文總計五段，這是第一段。）

31 原文：ああ皐月（さつき）仏蘭西（フランス）の野は火の色す君も雛罌粟（コクリコ）われも雛罌粟。

32 羅丹（Auguste Rodin, 1840-1917）。法國雕塑家。

松旭齋天勝（Shoukyokusai Tenkatsu，一八八六～一九四四）

日本魔術女王

日本魔術的變遷

遠古時代起，日本便有魔術，只是古時候的魔術意義近似咒術，魔術師的地位類似咒師，通常和雜技、特技混為一談。十六世紀後葉的安土桃山時代[1]之後，魔術與雜技才有明顯區分。

松旭齋天勝。

接著是江戶時代[2]，曲藝場、劇場等建築物普及後，魔術便興盛起來，大眾視之為一種技藝。而且觀眾在曲藝場看了專家的魔術後，可以在私人宴會席上有樣學樣地表演業餘魔術，於是更加普及。

江戶時代出版了很多解說或揭穿魔術祕訣的書，直至江戶末期，大約刊行了一百五十種。人們通過閱讀習得魔術手法，再於酒席當作餘興節目演出，成為庶民切身的遊戲。古埃及流傳下來的「杯與球戲法」[3]，在日本是用碗和小布袋當道具，非常有人氣。

此外，江戶時代也極為盛行機關人偶。就是在人偶內部設置機械機關，讓人偶做出一些動作，類似現代的機器人。機關人偶是日本傳統魔術不可或缺的要素。

杯與球戲法。

魔術在江戶時代廣泛流行的另一個理由，是出現了著名的魔術師。江戶初期和中期最有名的魔術師是都右近[4]、鹽屋長次郎[5]這兩人。

都右近甚至在德川第四代將軍家綱面前表演「從空籠抓出三隻野鴨」、「畫中的麻雀變成活麻雀」、「紙張變成真正的雞蛋」等技藝。

鹽屋長次郎擅長的魔術是吞東西和動物。他什麼都能吞，最有名的是「吞馬術」，把一匹活生生的馬吞下。其實技巧很簡單，是利用視覺上的錯覺。首先，在舞台佈置黑色布幕，讓舞台一片漆黑，觀眾席這方的蠟燭點得很亮，然後身穿白衣的長次郎出現在舞台。

之後，讓身穿黑衣的助手用黑布逐漸蓋住舞台上的馬，看上去就很像長次郎吞下一匹馬那般。這當然需要高度的講故事技巧以及演戲效果，西方國家在十九世紀很流行，但長次郎的「吞馬術」比西方國家更早。

江戶後期出名的魔術師是佐竹仙太郎[6]。仙太郎擅長的魔術是「脫逃」，讓小孩子蹲在大鍋或衣箱內，再用繩子緊緊捆住大鍋或衣箱，之後大喝一聲，小孩子出現在觀眾席背後。

幕末至明治時代，許多西洋魔術傳入日本，習得外國魔術的魔術師大受歡迎。

明治時代以後，改變日本魔術方向的人是松旭齋天一[7]。

天一的「大砲」魔術非常具規模，而且他巧妙地結合燈光和舞台效果，讓魔術成為獨立的表演秀，在大劇場連續演出兩個月也座無虛席，大大提高了魔術的社會地位。

人氣魔術女王

現代人大概無法想像明治時代後半至大正時代、昭和戰前時代

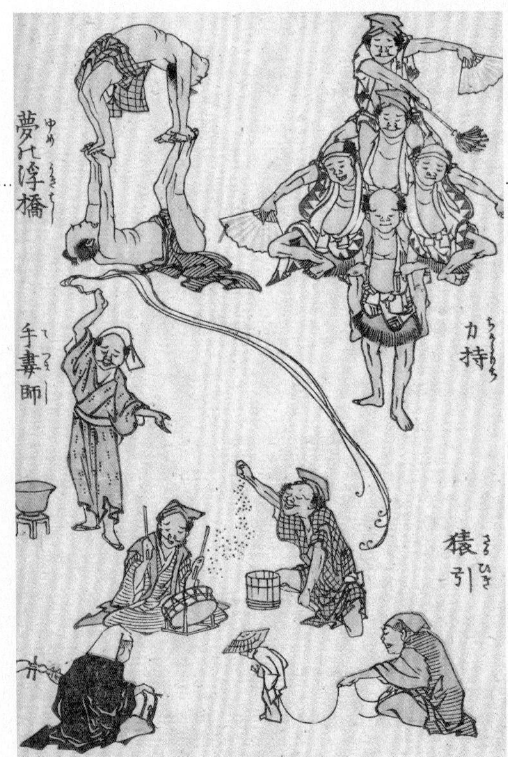

江戶時代的奇術，葛飾北齋（Katsushika Hokusai, 1760-1849）畫。

江戶時代的奇術，歌川豐國（Utagawa Toyokuni, 1769-1825）畫。

松旭齋天一。

的四十多年，風靡一世的松旭齋天勝的人氣到底高到什麼程度。那是沒有電視和收音機，也沒有電腦和手機的時代。也就是說，大眾娛樂非常少，或許正因為如此，魔術女王天勝才能維持她的爆炸性人氣。

天勝長得很漂亮。大眼睛，五官端正，雙腿修長，穠纖合度。剛好是那種適合站在舞台燈光下的長相與身材。

大正三～四年年（一九一四～一五），松井須磨子和川上貞奴，先後在東京的不同劇場表演《莎樂美》[8]，天勝也在東京的劇場表演

扮演「莎樂美」的松旭齋天勝。

《莎樂美》。天勝演的《莎樂美》含有魔術，被砍下頭的施洗者約翰[9]的頭顱不是戲劇道具，而是活人頭，並會睜開眼睛發出怨言。

這段演出轟動一時，連日滿座。事後，許多觀眾說天勝的《莎樂美》勝過松井須磨子和川上貞奴的《莎樂美》，也有人批評松井須磨子的雙腳既短又粗，可見天勝的身材確實很好。據說，大正時代的海報天后是川上貞奴和松旭齋天勝兩人。

天勝深知自己的魅力。她在舞台上表演時，如果發現觀眾席上有瀟灑紳士，她便會給對方送秋波。根據魔術的種類，需要向觀眾借用物品時，她會故意走向那位紳士的座位，再正視對方一會兒。光這樣，那位紳士於翌日就會出現在同一個座席上，而且直至公演結束，每晚都會來捧場。

之後，紳士會開始送花籃給天勝，有些甚至追到巡迴演出的地方城市。這是天勝在大正五年（一九二八）接受女性雜誌採訪時說的幕後八卦。

即便如此，藝人光憑外貌是無法持續幾十年的人氣。天勝非常積極精進技藝，不斷吸收新戲法，反覆鑽研，以滿足觀眾的需求。她多次到美國巡迴演出，在日本安頓下來之後，也讓弟子長期旅居美國，不停引進新魔術戲法。

在日本魔術界，結合魔術與西方舞台照明的人是天勝；第一次穿亮片緊身衣出現在舞台的人也是天勝。有一次，天勝穿著肉色緊身衣表演時，被誤以為是裸體演出，鬧得警察緊張兮兮地闖進後台。

天勝又聚集了眾多年輕漂亮女子，讓她們彈吉他、曼陀林，在舞台表演排舞或歌舞秀，有時也加入短劇。「天勝劇團」有文藝部，專門負責劇本。也就是說，融合魔術、歌舞、短劇的構成及演出，很適合在大劇場表演。

「天勝劇團」在宣傳方面也下了不少工夫。例如劇團到地方城市巡迴演出時，開演前必定先在市街遊行。當地人首先會聽到熱鬧的樂隊演奏聲，出門一看，眼前是紅、白、紫、藍等花花綠綠的旗隊，旗子上寫著「世界性大魔術」、「大小魔術，絕妙雜技」等字樣。接著是連成一排的人力車，上面各自坐著正在演奏的樂隊隊員，隊員後面又跟著數名身穿褐色制服的輔佐人員。

其次又是連成一排的人力車，車上各自坐著臉上化著濃妝，身穿淺藍色洋裝，年輕漂亮的娘子軍。這些娘子軍不停向左右兩旁的觀看者揮手、點頭、微笑。娘子軍人力車後面是一群戴著大禮帽的男魔術師，最後才是天勝。

寫著「天勝」的兩面白綢綢旗子先在觀看者眼前通過，之後是一輛裝飾著紅藍或金銀絲緞的五彩人力車，車上坐著頭戴附有大羽毛的帽子、身穿洋裝的天勝。小孩子絡繹不絕地跟在行列後面，連大人也跟在後面走。

如此遊行兩、三個鐘頭，回到劇場時，劇場前通常已經大排長龍，往往還未到開演時間，便要掛出「已客滿，謝謝捧場」的牌子。據說當時歌舞伎在地方城市巡迴演出時，都要挑選不與「天勝劇場」撞期的日子，否則觀眾會被

松旭齋天勝與助手。

搶走。

當天一遇見天勝

天勝出生於東京神田，是某當鋪家的長女，下面有一個妹妹、三個弟弟。妹妹於日後加入「天勝劇團」，其中一個弟弟後來也成為劇團的經理。

天勝的父親好投機，嘗試西式賽馬失敗後，買下自動碾米機的設計圖，關掉當鋪，開了一家米店。自動碾米機不順利，七、八歲的天勝每天從學校回來後，都要幫忙撿拾混在米糠和石礫中的米粒。米店失敗後，天勝的父親又開了一家居酒屋，生意照常不好，生活困苦，便將小學畢業的天勝送到某天婦羅店當女侍。

這家天婦羅店的幕後經營者正是當時日本第一級魔術師松旭齋天一。天一發現天勝的指尖極為靈巧，而指尖又是魔術師的生命，於是找人和天勝的父親商討，以十年契約，預付費二十五圓，讓天勝成為魔術劇團學徒。比起當時被送到別人家照顧小孩的其他少女，二十五圓算是超乎尋常的高薪。證書中有一項「即便是父母、兄弟姐妹，也不能透露魔術戲法」的規定。

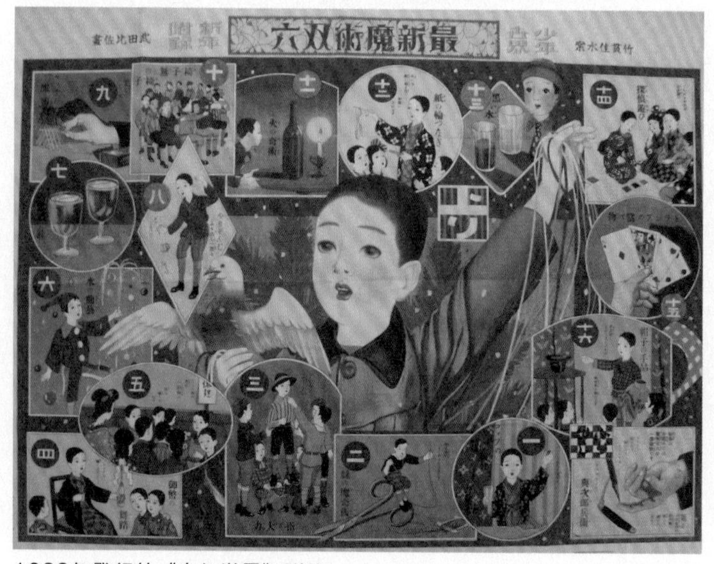

1922年發行的《少年世界》附錄。

當時「天一劇團」正在廣島縣福山市巡迴演出，天一特意遣人到神戶迎接從東京遠道而來的天勝。看來天一很期待天勝的資質。

天勝成為「天一劇團」團員後，團長天一立即讓她上舞台當道具助手。道具助手就是躲在舞台上的桌子下，遞交東西給魔術師，或從空箱子跳出的人。

松旭齋天一是福井縣低級武士門第出身，八歲時被送到德島縣東海村某寺院當小和尚。之後，天一離開寺院，成為托缽和尚。從關西流浪至長崎時，看到美國魔術師在表演魔術，深受感動，闖進後台，硬讓人家收他為弟子。這時的天一大約二十五歲。

二十七歲那年春天，天一終於獨立。他在大阪搭了座棚子表演魔術，連日爆棚。後來又到上海巡迴演出，在上海習得中國魔術的訣竅。明治二十一年（一八八八），天一第一次在東京的大劇場演出，連續兩個月都場場叫座，天一的藝人地位也因此而更加鞏固。明治天皇出行高官宅邸時，曾召喚天一表演魔術。

天勝入團時，正是「天一劇團」氣勢如日中天的時期，在福山市巡迴演出的團員超過三十名，在東京留守的團員有四十多名。此時的天一已經有七個孩子，身為劇團幹部的小妾又逢懷孕，無法上舞台，在東京待產。十歲的天勝恰巧和天一的第四個女兒同齡。

「天一劇團」最叫座的節目是「大砲」。

舞台背景是夜晚的森林，半空垂吊著圓圓的大月亮。身穿大禮服登場的天一先朗讀漢詩，讀畢後，當場寫下漢詩。天一聲音美妙，書法筆力雄厚。寫字時，幾名女藝人會到觀眾席分發籤條，中籤的觀客可以得到天一寫的字帖。這算是序幕。

其次，一門與真貨一模一樣的大砲，噹啷噹啷地出現在延伸至觀眾席中央走道的舞台。天一在大砲口塞入一名少女，再裝填火藥。一面裝填，一面大聲述說「到底會被炸得七零八落還是順利命中月亮」之類的台詞。就在觀眾看得直冒冷汗時，轟隆一聲，白煙瀰漫，少女順利地命中大月亮，而且在月亮中跳起舞來。觀眾會呼出一口大氣，接著便是全場一片掌聲雷動。

對魔術有興趣的人應該猜出來了吧？就是讓兩名少女穿著同樣服裝，化著同樣妝，利用瀰漫舞台的白煙，讓觀眾產生視覺上的錯覺而已。說起來似乎很容易，做起來應該不簡單。

天勝起初擔任被塞進大砲的角色，在月亮中跳舞的女孩是劇團中某個上等藝人的女兒。溺愛天勝的天一，沒多久就調換了這兩個角色，令其他團員看得牙癢癢。

巡迴演出結束，返回東京後，劇團的女藝人紛紛向已經生下一個男孩的小妾告狀。幾乎全體的女藝人都和小妾聯手，開始虐待天勝。

天勝在舞台的角色不僅「大砲」，她還要當遞交道具的魔術助手。結果，不是預先準備好的鴿子、兔子不見了，就是應該旋轉的箱子竟然一動不動。據說，每天都會發生這種事。

團長雖然溺愛天勝，但對弟子的技藝極為嚴格。天勝在舞台失敗時，天一便會又打又踢，有時甚至拿鞭子鞭打。其他女藝人在團長面前裝出一副同情的樣子，背面則是這個擰一把、那個扭一下的，使得天勝的手腳老是出現烏青瘀血。

但是，天勝個性好強，她就是不哭，也不向團長訴苦。這種女孩子，很難討得同性大人的歡心，只會更招惹其他女藝人的百般刁難。

人生的轉折點

天勝十三歲時，身高已經有一百五十五公分，比當時的女孩平均身高，算是高頭大馬。容貌和身材都脫離了少女的模樣，頗有姿色。

有一天，團長的小妾偽造了一封情書，對團長說是無意中撿到的。內容是男人寄給天勝的情書，約天勝在晚上出來見面。這時，「天一劇團」正在仙台巡迴演出。

團長不聽天勝辯解，正如所謂的「愛之切，恨之深」那般，拉著天勝的頭髮拳打腳踢，最後還宣告以今晚為限開除天勝，將天勝逐出劇團。團長自己也氣得衝出旅館，不知去向。

十歲就到劇團生活的天勝，根本無處可去，離開旅館後，走著走著，一時想不開，竟跳進河裡自殺。所幸河邊的釣魚人救了她。全身濕透的釣魚人抱著全身濕透的天勝回到旅館後，整個劇團鬧得天翻地覆。

自殺未遂事件之後，天勝成為團長天一最寵愛的小妾。

肇事者的小妾當然不服氣，逼迫團長只能擇一。

這名小妾是劇團高級幹部，技藝超群，而且為團長生了一個兒子。如果選擇天勝，小妾會邀同其他主要女藝人離開劇團，劇團便無法繼續公演。然而，天一還是付了一大筆贍養費，讓肇事者的小妾離開劇團，兒子交給大老婆撫養。唯一不幸中的幸運，是男藝人團員各個都站在女人爭風吃醋的圈子外，全體留了下來。

天一不惜花大鈔緊急召集了一群女藝人，正

舞台上的松旭齋天勝，年代不詳。

是在這時期，天勝的妹妹也進來了。本來就很熱心學習技藝的天勝，四周少了那些挑三揀四的學姊、長輩後，益發努力鑽研魔術技藝。

當時，東京很流行女藝人用民族樂器三味線伴奏的說唱敘事表演，神田的男子大學生都被吸引過去。天一打算將這些大學生搶過來，於是讓天勝在舞台跳「羽衣舞」。

「羽衣」是天女下凡的故事。天勝扮演的天女，說穿了，只不過在胸部纏著一條白布，腰部圍著猩紅色內衣裙，再穿一件薄絲綢和服，隨著音樂飄來飄去而已。但是，那個時代沒有人看過洋舞，日本舞的藝人又穿得密密實實，儘管上半身和下半身都遮住了，可身上只穿著一件薄絲綢和服的天勝，在舞台上隨著音樂翩翩飛舞，白皙手臂一下子出現又消失，消失又出現……這對當時的大學生來說，確實是一種真實的仙女舞。

用性感舞取代魔術的商法非常成功。東京的大學生全被天勝吸引過來，天勝逐漸成為學生偶像。

雖然這種方法算是邪門歪道，但在天勝的技藝成熟、新召集來的女藝人步上軌道之前，的確除此以外，別無他法。這在現代應該也一樣，並非精通技藝便能吸引一大群觀眾前來買票，團長還是要反覆動腦筋想出新奇演出才能讓票房火爆。

對天勝來說，能在富有冒險心和野心的師傅手下學習技藝，是一種天大幸運。倘若天勝被賣到平凡的劇團，恐怕也就沒有日後的「魔術師女王」頭銜了。

甲午戰爭勝利後，日本國內的軍國主義氛圍高漲，間接影響到演藝圈。

之前，天勝在長崎、橫濱等地巡迴演出時，看到觀眾席上有不少外國人，於是纏著天一說：「師傅，我們到美國去吧。」

天一本來就是向美國人習得魔術，對美國不陌生，又去過上海，經天勝這麼一慫恿，他也很想去美國學學新魔術。

明治三十三年（一九〇〇），「天一劇團」在大阪連續演出二十天。雖然失去技藝好的女藝人，但天勝的人氣足以彌補這個空洞，連日客滿。之後的演出票房都相當好，天一終於決定帶著團員前往美國碰運氣。

這個男人不愧是日本近代魔術之祖。他在國內已經有了穩定地位，竟然能下這種到國外闖天下的決斷，實在令人打心底佩服他的進取精神與骨氣。

美國巡迴演出開低走高

明治三十四年（一九〇一）七月九日，一行人搭乘客船自橫濱出航。所謂一行人，是天一的兩個養子（兼弟子）及其妻子之一、天勝和妹妹、一名藝人、一名女藝人、一名翻譯，加上團長天一，總計九人。（附帶一提，川上音二郎和貞奴前往美國舊金山，是兩年前。）

可是，船抵達檀香山時，團長竟走散了。天一在檀香山登陸後，直至起航的下午五點，一直沒有回船。船離開檀香山，駛往舊金山那個時刻，天一在某位住在夏威夷的日本醫師家喝酒，原來他誤以為第二天早晨五點才開船。

失去團長的一行人抵達舊金山時，根本無法登陸。想登陸，必須給海關人員查看一人三十美元的旅費，可錢全部在團長身上。一行人只得待在船上等團長前來迎接。一週後，天一總算趕來。前面才剛剛稱讚過這個團長有魄力，沒想到他竟然來這一招！

總之，一行人平安登上美國大陸，之後，接受了當時在日本從未聽過的所謂「代理商」演出組織的測驗。不料，在國內大受歡迎的天一的西洋魔術，一來到原產地的國家竟完全不通用。

首先，日本的魔術節奏太慢，其二，女藝人臉上塗的白粉不合美國人口味。合格的魔術僅有三項，天一的「徒手掙脫術」[10]、團員全體的「水藝」[11]，以及天勝的「藏銀幣」。

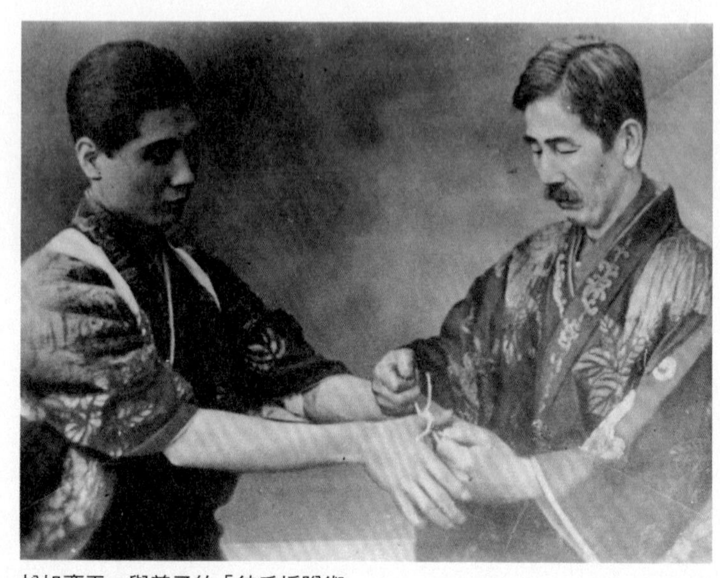
松旭齋天一與養子的「徒手掙脫術」。

結果，一行人只好在舊金山的馬戲團表演餘興節目。然而，觀眾一直吹口哨，表示不滿。一行人又轉移陣地，到日裔移民較多的農村地區表演。日裔移民喜歡看可以勾起鄉愁的日本舞，一行人便是靠日本舞賺得僅能糊口的生活費。即便想回國，也沒有旅費。

巡迴演出中，天一絞盡腦汁，讓演出內容逐漸接近美國式綜藝節目。終於在美國西北部的蒙大拿州遇見一位一流舞台導演。這位導演湊巧來觀看，認為天一劇團有改善餘地。

美國的舞台導演先讓女藝人練習舞台濃妝，再將需花三十分鐘的「水藝」逐漸縮短為二十分鐘、十五分鐘，最後變成十分鐘。接著融入濃厚的東洋味，並編排日本舞的和服排舞。一切完畢後，天一劇團總算和美國導演簽下兩年期間的合約，週薪一萬兩千美元。

「空手掙脫術」是讓觀眾緊緊綁住魔術師雙手的大拇指，魔術師再讓大拇指穿過柱子或圈圈。本來是明治初期自西歐傳入日本，經天一再三改良，後來又傳入美國，當時在美國被稱為「天一的thumb tie」。據說，對魔術界有重要影響力的加拿大魔術師戴・福農[12]，正因為心醉於「天一的thumb tie」，又再三改良為自己專屬的獨特魔術。

「水藝」是日本傳統的噴水雜技。

首先，讓擱在舞台的茶碗或葫蘆噴出水，藝人再隨著音樂用扇子讓水停止、噴出，噴出又停止。然後用扇子讓水噴至舞台的花。當然水是從幕後送出，藝人身體應該綁有輸水管，而且舞台下也設有許多蜘蛛網般的水管，藝人手中應該也有開關，不過，直至今日，這部分的戲法訣竅仍只限師徒口頭傳授，不能以文字記載，也不許公開。

「水藝」前半部和後半部有一百八十度的變化。前半部，藝人和助手互相調侃，例如茶碗沒有噴出水，或讓水從助手頭上噴出，讓觀眾大笑一陣後，後半部便完全進入一種固定表演樣式。藝人臉上毫無表情，水不斷從茶碗、葫蘆、表演日本舞的女藝人手持的舀水勺、扇子等小道具，伴隨音樂及藝人手中的扇子噴出、停止、忽高、忽低。觀眾看著看著，會陷入一種催眠狀態，宛如自己的身體也隨著噴水在半空雲遊。

江戶時代，「水藝」的輸水管用和紙製成，缺乏耐久性，明治初期用的是醫生用的聽診器橡膠管。「天一劇團」在歐美諸國巡迴演出時，似乎請人製作了特殊的橡膠管，解決了此問題。

水藝，川西英（Kawanishi Hide, 1894-・1965）畫。

可是，隨著時代的步伐，公園出現噴泉，近年來甚至可以用電腦控制，讓噴水跟著音樂改變顏色及高低，「水藝」不再是魔術之一。也因此，除了在YouTube，現代日本已經很難看到傳統「水藝」。

1908年，「天一劇團」的海報。

至於天勝的「藏銀幣」，是請兩名觀眾登上舞台，讓他們各自握著十枚銀幣，每張開一次手，銀幣會逐漸減少，另一人手中的銀幣則會逐漸增加。

讓舞台上的觀眾握銀幣時，天勝會「one、two、three」地大聲數著觀眾手中銀幣，數到「six」，發音往往變成「sex」，惹得觀眾捧腹大笑。雖然天勝不多久便學會正確發音，但為了娛樂觀眾，她就一直唸成「sex」。觀眾也很愛聽她數銀幣時的發音，往往還未數到第六個，舞台下便傳來「miss sex!」、「sex girl!」、「sex! sex!」的吆喝，給劇場帶來更多歡樂和笑聲。

如此，「天一劇團」在美國大受歡迎，有時一晚的演出費只有一百美元，劇場的收入卻高達一千五百美元。

兩年合約到期，又延長兩年。「天一劇團」在這四年期間，不僅美國國內，也遠征至歐洲各國巡迴演出。無論到何處，天一和天勝都勤奮學習各種西歐魔術。

明治三十八年（一九〇五），劇團回國。

回國後第一次公演的劇場是歌舞伎座。歌舞伎座自明治二十二年（一八八九）開場以後，是日本國內規模最大、品格最高的劇場。

天勝臉上化著舞台濃妝，身穿鑲著五彩亮片的緊身衣，全身閃閃發光地出現在舞台。日本觀眾不但從未看過這種舞台打扮與裝束，甚至不明白天勝在舞台向觀眾送的飛吻到底是什麼意思，而且演出節目是「穿鏡術」、「人體浮在半空迴轉」等最新魔術，當然會成為媒體的勁爆話題。

東京公演之後的每一場地方巡迴演出，均叫好又叫座，轟動非常。

十九、二十歲的天勝，人氣逐漸勝過團長。兩年後，再度於歌舞伎座公演時，天一已經無法與天勝的人氣對抗，遂將劇團名稱改為「天一、天勝劇團」。而為了外國觀眾，歌舞伎座有史以來第一次掛上日文、英文並排的招牌。

「天勝野球團」與爵士樂隊

劇團雖如日方中，團長天一卻為自己開始步入老年而苦惱。天勝依舊保持眾星捧月的地位，名副其實是劇團的大支柱，天一已經無力對天勝發怒或拳腳交加了。

明治四十三年（一九一〇），天一罹患直腸癌，翌年二月宣布自舞台引退。明治四十五年（一九一二）六月結束了他的一生，享年五十九。

天一宣布引退後，劇團即一分為二，一派是天勝，另一派是團長的養子。二十六歲的天勝成為另立門戶的「天勝劇團」團長，她雖是魔術界最有人氣的紅星，但缺乏經營能力，更沒有信心帶領全體團員往前走。

第一場公演在淺草帝國館，是兩場電影之間的三十分鐘餘興節目。這時，天勝的妹妹已經因結婚而退出劇團，團員僅有十名。所幸這場演出非常成功，連續兩個月場場叫好，為「天勝劇團」打下基礎。

接下來在橫濱、大阪公演。卻不知怎麼回事，橫濱、大阪的公演都以失敗告終，天勝不知所措，打算解散劇團，最後下定決心在京都歌舞伎座公演。京都的公演獲得大成功，天勝便趁勢步上朝鮮、滿洲、台灣等地的長期巡迴演出旅途。

大正四年（一九一五），天勝突然與野呂辰之助[13]結婚。而且是天

1911年，帝國劇場舞台。

勝主動求婚。

野呂辰之助是「天勝劇團」的經紀人，所有金錢瑣事、公演策劃、道具設計、百名以上的團員舞台服裝、團員薪資、團員之間的糾紛，甚至連天勝的家人生活等，都是他在負責。

天勝於日後回憶道：

我只知道技藝的世界，外邊的世事完全不清楚，尤其對金錢帳目的能力更不及小學生。我想到如果有一天被經紀人拋棄，我們劇團一定會比從樹上跌落的猴子更悲慘。我沒有能力扛這麼大的劇團，所以乾脆和他結婚……

婚後的天勝，不再接受個人宴席的邀請，也就是說，不再受金錢問題左右。劇團公演總是連夜客滿，她的私人財產多得數不清，因此除了舞台節目，她在私生活方面始終守著貞潔妻子的身分。

這時期的天勝，精神上和經濟上都很穩定，技藝也最熟練。劇團的年輕娘子軍也不用到個人宴席賺外快，只要在舞台盡力工作，每個人都可以得到高薪。或許因為如此，劇團裡有很多成雙成對的夫婦。

大正十年（一九二一）二月，野呂辰之助成立了「天勝野球團」，球員制服標誌是馬蹄。

成立當初的目的在宣傳魔術事業，選手來源以大學畢業生為主，並非專業的職棒球員。不過，當時的體育雜誌曾採訪野呂辰之助，野呂說「這不是宣傳隊，事業和棒球賽完全是兩回事。如果因球賽輸了而不來看魔術表演，那也無所謂」。可見對野呂來說，「天勝野球團」是個人興趣，和魔術事業無關。

「天勝野球團」沒有固定主場，而是隨著「天勝劇團」巡迴日本國內各地，進行比賽，而且還曾轉戰中國青島和上海、台灣、朝鮮等地。由於戰績一直很好，於是野呂開始強化球隊體質，打算把球隊職業化，並於大正十二年（一九二三）在棒球雜誌發表「成立職棒球團」的宣言。

同年六月在京城[14]與「日本運動協會」[15]對戰，一勝一敗平手，這是日本棒球史上首度的職業棒球比賽。

兩隊回到日本後，又於八月在芝浦棒球場進行了第三場對戰，最後日本運動協會獲勝。但兩天後的九月一日，日本發生關東大地震，「天勝野球團」遭受嚴重損害，球隊也自然而然地解散。

大正十二年九月一日關東大地震時，「天勝劇團」正好在淺草演出，天勝在舞台扮演京都人偶。地震發生時，天勝高呼「不要考慮道具和其他，逃命要緊」，因此在座的全體人員都空手逃到上野美術館前。

震災翌年，天勝率領二十七名團員再度赴美。劇團在美國各地巡迴演出一多年，其間還前往英領加拿大表演。

在這次的巡迴演出期間，天勝當然習得美國的新魔術，回國時還帶回一支美國爵士樂隊。劇團回國後第一次於帝國劇場公演時，天勝讓日本觀眾首次聽到外國爵士樂隊的演奏。

這個時期，爵士樂正在美國芝加哥開花，紐約也出現藍調爵士樂。帶回爵士樂隊的行動，應該是經營手腕高超的野呂辰之助的主意。

退出舞台，晚年再婚

昭和六年（一九三一）「滿洲事變」爆發。三年後的昭和九年（一九三四），將近五十歲的天勝終於決定退出舞台。此時，辰之助已經不在世，由天勝的弟弟擔任劇團經理。天勝將六十多人的大劇團轉讓給姪女。

多虧已故的辰之助的經營手腕，這時的天勝已經是財主。她很喜歡鑽石，據說連牙齒都鑲著鑽石。

無奈，接手劇團的第二代天勝，運氣實在不好。這個時代，日本全國的戰爭色彩愈來愈濃厚，已經跨入軍國主義時代，並正在往戰敗泥

「天勝劇團」娘子軍之一的松旭齋百合子。

淖中陷落。「天勝劇團」的男性成員不斷被被徵去當兵，天勝甚至向軍部捐贈了私有金屬道具和財產，巡迴公演變得很難成事，況且以排舞秀為主的劇團接二連三出現，「天勝劇團」的條件極為不利，於是逐漸步入沒落之途。引退的第一代天勝則在高級公寓過著盡量不引人注目的日子。

昭和十五年（一九四〇），日本與德國、義大利締結三國同盟。天勝受邀參加了三國同盟慶祝會，東京外語學校（東京外語大學）的敕任教授金澤一郎[16]也出席。金澤一郎是編纂西班牙語辭典的學者。兩人在慶祝會相識，彼此受對方吸引。這時的天勝已經五十四歲，但她天生美貌，又歷經無數次的舞台表演，而且有錢，應該女人魅力猶存。兩人都是獨身，於是正式結婚。

第二代天勝曾追憶道：

姑母為了技藝，年輕時做了不孕手術。不過每個女人都想青春永駐，我想姑母應該也是。

姑母要是懷孕生子，劇團必須停止演出。為了保證劇團團員的生活，身為女團長的姑母，只能放棄女人的幸福，這是女團長的宿命。姑母晚年時，與完全不同行的東京外語敕任教授結婚，可能是她為了實現身為女人的幸福，所做的最後的掙扎吧。

據說，金澤教授不喜歡聽三味線的琴聲，天勝於婚後始終沒有彈過三味線。金澤是敕任教授，有進宮機會，天勝很期待有朝一日能陪同丈夫一起進宮。當時有個熟人訪問過天勝，看到天勝夫婦相對而坐，中央擱著陶爐，夫婦倆一起在烤麻糬。那個熟人很清楚華麗時代的天勝，因此事後向人說，天勝陪丈夫烤麻糬的樣子看上去很寒磣，令他很悲哀。

松旭齋天勝牙齒鑲鑽石。

昭和十九年（一九四四）十一月十一日，天勝在神奈川縣湯河原溫泉陷入病危，在昏睡狀態下被抬到東京。夫婦一起進宮的夢想未能實現，天勝在當天下午五點永眠，得年五十八。根據遺言，分別捐獻二萬圓給陸軍和海軍。當時的二萬圓，可能相當於今日的一億圓。

金澤一郎則在翌年也安靜地離開人世。

目前，日本魔術界的名門，

都出自第二代天一的直系徒孫、曾徒孫。換句話說，只要追本溯源，都會回到天勝的師傅・松旭齋天一帶領的「天一劇團」。例如現在聞名全球魔術界的逃生魔術女王引田天功[17]（第二代），藝名也有個「天」字，她正是松旭齋天一的曾徒孫。

至於天勝帶領的「天勝劇團」，很遺憾，沒有直系後人。

1 安土桃山時代（Azuchi Momoyama jidai, 1573-1603）。戰國大名織田信長（Oda Nobunaga）與豐臣秀吉（Toyotomi Hideyoshi）稱霸的時代。

2 江戶時代（Edo jidai, 1603-1867）。又稱德川時代，德川幕府統治下的時期。

3 杯與球戲法（Cups And Balls）。目前人們所知最古老的戲法，在埃及的壁畫中有紀錄。

4 都右近（Miyako Ukon）。

5 鹽屋長次郎（Shioya Chōjirō）。

6 佐竹仙太郎（Satake Sentarō, 1818-1830）。

7 松旭齋天一（Syokyokusai Tenichi, 1853-1912）。日本近代魔術之祖。

8 《莎樂美》（*Salome*）。一套單幕德語歌劇。

9 施洗者約翰（John the Baptist）。

10 空手掙脫術（thumb tie）。近距離魔術的一種。

11 水藝（Mizugei）。

12 戴・福農（Dai Vernon, 1894-1992）。加拿大魔術師。

13 野呂辰之助（Noro Tatsunosuke）。

14 京城，今日南韓首爾。

15 日本運動協會，「關東大地震」後改稱「寶塚運動協會」（Takaratsuka Undou Kyoukai），是日本棒球史上第一支職棒球隊，現今已不存在。

16 金澤一郎（Kanazawa Ichirō）。

17 引田天功（Hikita Tenkō）。在美國通稱「天功公主」（Princess Tenko）。

松井須磨子（Matsui Sumako，一八八六～一九一九）
日本第一位近代女優

猶如曇花一現的人生

大正三年（一九一四）三月，帝國劇場上演了托爾斯泰原作、島村抱月改編的新劇《復活》[1]。這齣戲風靡一時，扮演女主角的松井須磨子在劇中唱的主題歌〈卡秋莎之歌〉，也成為日本大眾流行歌先驅，甚至連歌詞都成為當時的流行語。

松井須磨子，年代不詳。

可愛的卡秋莎呀　離別之苦
至少在微雪還未溶化前
向神明祈個願吧

可愛的卡秋莎呀　離別之苦
今宵下的這一晚上的雪
將蓋住明天的山野路

（作詞：島村抱月、相馬御風[2]，作曲：中山晉平[3]）

島村抱月，年代不詳。

松井須磨子唱的這首主題歌，哀切的旋律奪人魂魄，眨眼間便贏得爆炸性的人氣，廣傳日本全國的大街小巷。

據說《復活》最初在帝國劇場上演時，票房不怎麼好，但四月以後在大阪、京都上演獲得好評，之後在日本全國地方城市巡迴演出均連日客滿。甚至還遠征至台灣、朝鮮、滿洲、海參崴等地，四年期間的公演次數多達四百四十四次，灌錄主題歌的唱片銷售量高達兩萬張，創下前所未有的記錄。

目前在YouTube上還可以聽到當時的錄音。沒有伴奏，只有不算唱得很好的淒涼歌聲，以及留聲機的雜音……如果在雨天深夜聆聽，再想起她的悲劇人生，身上可能會起一層雞皮疙瘩。其他人唱的有伴奏的曲子，則不會有這種陰森森的感覺，實在很奇怪。

日本於明治末期至大正時代才出現國產留聲機，當時製造留聲機的廠商僅有數家，而且留聲機很昂貴，並非庶民隨手買得起的商品。松井須磨子的〈卡秋莎之歌〉正是隨著剛誕生的國產留聲機而流傳至日本全國各地。可能當時全世界都在注目托爾斯泰的思想，日本的大學生以及民眾也切身感受到新時代的到來，這首嶄新旋律的歌曲才會成為日本史上的第一首流行歌吧。

之後又出現屠格涅夫原著的《前夜》[4]劇中插曲，照樣大受歡迎。不料，登上新劇演藝圈頂峰的「藝術劇團」，竟發生一件晴天霹靂的大事件。

招牌明星松井須磨子，突然在藝術劇團的道

具房間內上吊自殺。事件發生於大正八年（一九一九）一月五日早晨。

警方趕到現場進行驗屍時，從須磨子的和服腰帶裡發現一封遺書。遺書是一張用鋼筆寫成的西洋信紙，粉紅色西洋信封上寫的收件人是須磨子生前最信賴的姊夫的名字。信上以「姊夫，我還是要去老師去的地方」為開頭，痛切地拜託姊夫將她的屍體埋在島村抱月的墳墓。如此，松井須磨子親手合攏了她那僅三十三年的人生屏幕。

文藝協會的新劇改革

明治時代的青年，一提起「青雲之志」，通常意味仕宦之途。坪內逍遙二十六歲（一八八五）時，發表了長篇文藝論文《小說神髓》，提倡寫實主義文學，主張文學也具有為人類文明作出一大貢獻的重要使命，值得男子漢大丈夫賭上性命。他的論調令當時的日本青年恍然大悟：原來除了政治，還有文學這條路可走。

坪內逍遙提倡的「小說」這個詞，以及後來的「長篇小說」、「短篇小說」、「社會小說」、「私小說」等，不但廣傳全日本，甚至於清末由周作人傳至中國，給中國政治小說發展帶來很大影響。日後的日本著名作家夏目漱石[5]、森鷗外、芥川龍之介[6]、橫光利一[7]、太宰治[8]等人，均因《小說神髓》而立志於小說創作。

《小說神髓》也在當時飽受歧視、通稱「河灘乞丐」[9]的藝能演員界颳起旋風，新劇運動此起彼落。

坪內逍遙和自歐洲留學返回的島村抱月，於明治三十九年（一九〇六）設立的「文藝協會」，便是新劇運動的母體源泉。

「文藝協會」成立當初，雖以改革文學、美術、戲劇等為目標，但實際以戲劇為主。最初曾試演兩次，卻都無法脫離業餘文藝表演會的水平，留下四百圓負債而停止活動。明治四十二年（一九〇九），坪內逍遙在自宅設置協會附屬演劇研究所，招生培訓人才。

自長野縣上京的松井須磨子，正是「文藝協會」演劇研究所第一期畢業生。據說面試時，坪內逍遙對須磨子的評語是「這女子毫無性感之處，唯一的長處是身體粗壯，整個人看上去相當清淡」。

1911年12月，松井須磨子在帝國劇場扮演的「娜拉」。

明治四十四年（一九一一）五月，「文藝協會」第一回公演在帝國劇場華麗開幕，演的是莎士比亞的《哈姆雷特》。松井須磨子首挑大梁飾演丹麥王子哈姆雷特的情人歐菲莉亞。同年十一月再度於帝國劇場演出易卜生的《玩偶之家》[10]，扮演娜拉的須磨子的演技，讓戲劇評論家及相關人員驚喜萬分，認為日本總算出現了一名前所未有的女優明星。

《玩偶之家》的娜拉活在傳統的婚姻制度下，是個典型的模範妻子，丈夫視她如私有財產的玩偶。最後，娜拉決定離開處處受束縛的家庭，尋找自己的人生。舞台上的某個場景台詞大致如下：

「妳這樣扔下家庭和丈夫和孩子，妳瘋了嗎？妳要想想世間到底會怎麼看妳！」

「我已經管不了那麼多了。我只是認為必須去做我想做的事。」

「豈有此理！妳拋棄妳最重要的神聖義務，真的一點都不在乎嗎？」

「神聖義務？那是什麼？」

「妳不明白嗎？當然是妳對丈夫和孩子的義務。」

「我有更重要的神聖義務。」

「妳說什麼？妳還有什麼其他義務？」

「當然有！當然有！」

「到底是什麼？好，妳說說看！」

「我就說，那正是對我自己的義務。」

「荒唐！妳在胡說什麼？妳是個妻子，也是個母親！」

「我已經不信這套了。比起妻子和母親，我首先是個人。正好和你一樣。」

在那個戶長、丈夫、兒子、男人處於霸王地位的時代，松井須磨子於舞台上喊出的「我首先是個人」這句台詞，不僅讓舞台上的丈夫角色啞口無言，也讓觀眾席的男性宛如挨了巴掌。女性觀眾則吐出一口大氣，那是長年來堵在胸口的悶氣，然後神清氣爽地離開劇場。

「日本終於出現一名可以演易卜生戲劇的女演員了！」擔任舞台導演的島村抱月對此興奮不已。

這樣的話，或許連契訶夫[11]、莎士比亞、托爾斯泰的劇作都能上演。說不定不輸在英國、法國看過的那些舞台劇。島村抱月的夢想愈滾愈大。

空前的票房令松井須磨子一舉成名，成為新劇界的閃耀之星，登上人氣明星寶座。

不少專門扮演旦角的新劇演員看了須磨子演的《玩偶之家》後，紛紛覺得，旦角已經沒戲可唱。

須磨子從這一年直至自殺那年，她的女優生涯僅八年。但是，在這八年期間，除了《玩偶之家》，她還演過蘇德曼[12]的《故鄉》、蕭伯納[13]的《宿命之人》、莎士比亞的《凱撒大帝》[14]、法國歌劇《卡門》[15]等。雖然每齣戲

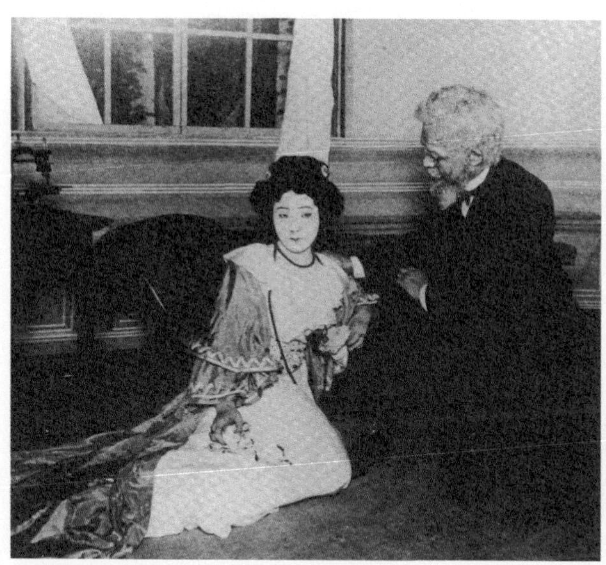
松井須磨子演出的《故鄉》。

松井須磨子演出的《玩偶之家》。

都博得好評，幕後生活並非很順利。

與島村抱月的不倫之戀

明治四十五年（一九一二）五月，「文藝協會」在東京公演《瑪格塔・戈培爾》[11]期間，扮演女主角瑪格塔角色的松井須磨子和舞台導演島村抱月的不倫之戀曝光。此問題令須磨子和島村抱月於日後不得不退出「文藝協會」，更是導致協會解散的主因。

根據當時寄宿在島村抱月家當書生的中山晉

島村抱月，年代不詳。

〈卡秋莎之歌〉的相關者。

平，日後於《中央公論》發表的文章〈某夜的回想〉，描述當時的島村夫人歇斯底里症狀與日加重，每次都來書生房訴苦，並漫罵丈夫的惡行。這令醉心於島村抱月的中山難以忍受。中山晉平正是日後為〈卡秋莎之歌〉作曲的人。

某天，中山忍無可忍地向夫人間接抗議道：「如果老師的本性真是個爛人，您先抓住證據再罵老師好不好？」

夫人回說：「那麼，下次他要到大久保（須磨子的住所，於新宿區）時，你和我一起去跟蹤看看。」

結果，另一天夜晚，中山書生穿著近似黑色的衣服，陪同夫人一起跟在島村抱月身後。

兩人跟蹤至高田馬場車站附近的雜樹林，看到島村抱月和須磨子在談話。夫人突然衝過去，抓住島村的衣領，破口大罵起來。島村跪在夫人面前說「妳想怎樣就怎樣」，須磨子則大吃一驚地大哭大喊「要以死賠罪」。

若在現代，這種事根本不可能成為婚外戀證據。壞的是，不多久又搜出一封島村抱月寫給須磨子的情書，夫人當場命中山書生抄錄下來。事情到此地步，便萬事休矣，無計可施。

島村抱月是島根縣窮人家出身，他是憑藉夫

人島村家的援助，才得以從大學畢業，並成為島村家的婿養子。何況坪內逍遙是夫人的後盾，島村抱月在夫人面前處於完全抬不起頭的立場。

「文藝協會」對男女問題特別嚴格，即便在下雨天，男女也不能合撐一把傘，因此傳喚了島村抱月和松井須磨子進行調查。坪內逍遙更狠狠斥責了兩人一頓。事後，島村抱月寫了一篇長達七十張稿紙的請願書寄給坪內逍遙，依舊得不到諒解。兩人終於在大正二年（一九一三）五月離開「文藝協會」。

坪內逍遙起初還逞強說，「今後也能培育出第二個須磨子」。然而，失去島村抱月和松井須磨子的協會，最終仍逃不了解散的命運。

總之，島村抱月拋棄了妻子兒女，離開家庭，於同年九月，懷著悲壯決心與須磨子組成「藝術劇團」。此事件在當時極為轟動，不但驚動了文壇及演藝界，連世人也深感意外。

以當時的男女思想觀念來看，一個男人為了一個女人，不惜拋棄大學教授的地位，主動改變自己的命運，是一種荒唐可笑的愚行。

「藝術劇團」的首次公演正是前述托爾斯泰的《復活》。

從諸多苦難中出發的「藝術劇團」，正如《復活》字面般地「復活」了。另一方面，也是從此時起，須磨子的存在成為劇團幕後眾多糾紛的根源。年輕演員經常逼迫島村抱月「要嘛選擇她一人，要嘛選擇我們全體」，有些演員甚至為了不想和須磨子共演，不惜與劇團分袂。儘管如此，島村抱月始終站在須磨子這一方，任憑媒體和世人丟石子。

須磨子為何如此討人厭呢？

須磨子曾在《女學世界》雜誌發表一篇文章，內容大意如下：

> 我演的莎樂美是根據義大利老師的指導，老師所教的動作，我都能理解。但是，劇團其他人經常根據他們自己的解釋，要我改變動作

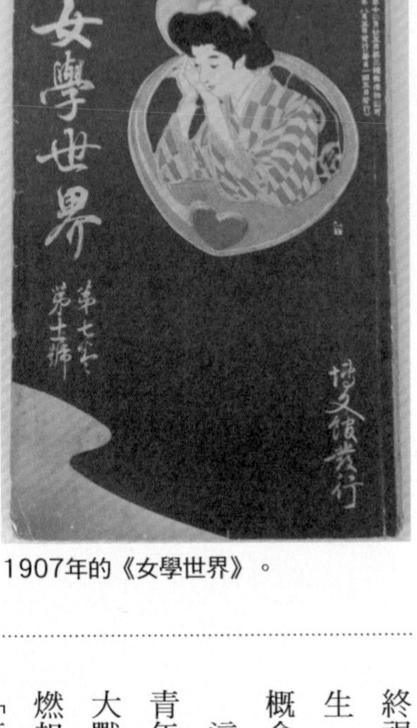

1907年的《女學世界》。

（演技），如果我不服從或不高興，他們就會罵我是個傲慢女人。有時我會氣得掉眼淚，再偷偷抹去眼淚，這時，他們又會罵我是個用眼淚博得同情的卑劣女人。女人有感情，也有靈魂，不能總是遭受這樣的迫害。（中略）其他事姑且不論，但在技藝這方面，我希望不要因為只是女人身分，就必須受到各種傷害。

從這段話也可以看出，劇團的人一直擺脫不了知識分子的意識，即便須磨子已經成為劇團的搖錢樹，登上天下大明星的寶座，他們也始終視須磨子為「文藝協會」演劇研究所的研究生。何況當時沒有「女演員」、「女明星」的概念，這大概是所有糾紛的源頭。

這時期，在遙遠歐洲的盡頭，一名塞爾維亞青年向奧匈帝國皇太子開槍，揭開第一次世界大戰戰幕（一九一四）。但是，日本國內還未燃起硝煙味，反倒處於空前的經濟繁榮時代。「藝術劇團」乘著這股景氣巨浪，華麗地在全國各地巡迴演出，贏得熱烈掌聲和票房——直至大正七年（一九一八）十一月五日，島村抱月暴卒那天為止。

連死後都難逃文學鞭屍

不知為何，有關須磨子的資料，愈是往前回溯，愈都是傾向嘲弄、中傷的報導。這些八卦報導寫的都是出自個人感情的人身攻擊以及惡意誹謗，反倒令人置疑。

例如自稱和須磨子一起吃過大鍋飯的某劇作

松井須磨子，年代不詳。

家，形容須磨子是「一個從信州深山上京的蒙昧無知紡織女工，竟然跑到坪內逍遙的演劇研究所。我有這個女人的親筆信，先不說塗鴉式的字體，內容全是莫名其妙的詞句，從信的內容也可以看出須磨子是個不學無術的女人」。

另一位文學博士則描述須磨子「是個缺乏教養的女人。不僅缺乏演員的教養，連一般淑女名媛應該接受的教育都沒有，只是小學畢業，而且是個從信州深山上京的村女」。這位文學博士還感嘆道，「讓這種缺乏教養的女演員登上我國首屈一指的帝國劇場舞台，便足以證明我國的文化有多低，真是令人慚愧至極」。

再來是島村抱月的後繼者某舞台導演，描寫「她的技藝並非出自感情和意志，而是強烈的歇斯底里，和直率的反抗性，以及柔軟甘美的感傷主義」，最後總結說「是肉體技藝」。

其他還有很多大同小異的批評，作者都是當時著名的文人或小說家、文學博士、律師等。甚至有人評論「她缺乏詩的要素，也缺乏宗教思想。有詩的女性，即便無知，也會安靜地觀察四周，或從旁側觀看，或蓋上一層面紗以戀愛感情觀看所有物事」。

這些批評都是須磨子自殺身亡後，作者署名發表的文章，簡直是一種「鞭屍文字」。唯一對須磨子獻上讚美文章的人，是當時的女性解放運動領導者平塚雷鳥。平塚雷鳥寫道，「她的死，讓她完成一場美麗的愛情。她的死，讓她可以永久活在夢想的世界」。

站在現代女性的立場，來看上述這些所謂文人、劇作家、文學博士所寫的文章，真的會氣昏頭。難道小學畢業就不能當女演員？難道從地方城市上京的女子就不能當女演員？另外，何謂「有詩的女性」？不說話，不發表意見，不面對真實的一面，才有資格成為「有詩的女性」嗎？再說，演員若非「肉體技藝」，難道

1902年，明治劇場。

要他們在夢中面對牆壁演戲？

簡直是廢話連篇！我光看文章內容，便能看出作者隱藏在字裡行間的「傲氣」。難怪這些人只能稱霸一時，無法稱王一世，反倒是「缺乏教養」、「缺乏詩性」、「村女出身」的松井須磨子青史留名。

話說回來，松井須磨子雖然確實是信州農村出身的女子，但她娘家並非一般沒落武士階級的農家。直至戰國時代「川中島之戰」[17]敗戰之前，是統治該地的城主，一度沒落，後來又復興門戶，三代前的戶主是松代藩[18]「文武學校」校長。

此外，須磨子母親娘家的叔父是海軍中將、陸軍少將，因日俄戰爭有功而獲得男爵爵位，算是真正的貴族階級。姊夫則是當時在東京極盡隆盛的西點鋪「風月堂」經營者。須磨子正是仰賴這個姊夫而從長野上京。明治三〇年代的女性，能從地方城市上京求學的例子非常罕見，須磨子明顯是上流階層的女子。

1927年，坪內逍遙。

至於「蒙昧無知」這點更令人置疑。「文藝協會」講授莎士比亞和易卜生的課程時，都用原文書，須磨子聽課時也必定用鉛筆記下發音。而且她對練習很熱心，往往在清晨空無一人的舞台上練習演技，甚至連對方的台詞也全部背下，怎麼可能是「無知」的「紡織女工」或「村女」？

也因此，島村抱月考慮到須磨子若無法繼續當女演員時，打算讓她站在大學講壇，一直對她進行個人教育。

既然如此，為什麼「藝術劇團」和「文藝協會」的相關人員都在散播她的壞話呢？

我想，可能是坪內逍遙和島村抱月的社會地位以及環境吧。

這些人都是「願意賭上性命，也要為人類文明作出一大貢獻」的「男子漢大丈夫」，和川上貞奴、松旭齋天勝等人所處的「河灘乞丐」藝能界是雲泥之別的世界。另一點則為江戶出身的人，大部分都自以為是全國最開化、最先進的知識分子，瞧不起從地方城市上京的人，尤其是女人。這是日本明治時代的男性意識結構，現代女性如何為須磨子辯解也無濟於事。

另一方面，按須磨子的娘家背景來看，倘若她願意，她可以步入貴族出入的社交界，成為社交界女王。但她還是選擇了女優這條路，或許這正是她的真正價值。

據說，須磨子的親戚起初沒有人知道須磨子成為女演員，但《玩偶之家》太轟動，「風月堂」的女兒攜伴前往帝國劇場觀劇，發現松井須磨子和姨媽長得很像，回來向家人報告。眾人大吃一驚地前去確認，證實了松井須磨子果然是「風月堂」的姨媽。

親戚的海軍中將男爵得知此事後怒髮衝冠，命所有親戚都不准讓淪為「河灘乞丐」的須磨子進門。須磨子的娘家更與女兒斷絕關係，以表謝罪。為此，須磨子返回家鄉時，因無法進家門而在庭院的葡萄樹下哭了整整一夜。由此也可證明須磨子的出身階級。

青煙，青煙，全部是青煙

大正七年（一九一八）十一月五日清晨，島村抱月因感染西班牙型流行性感冒而驟逝。

當時須磨子正在明治劇場排練鄧南遮[19]原著的《初春》，她飾演劇中的瘋女人。排練結束後，須磨子拖著疲累身子趕回家時，抱月已經成為一具冰冷屍體。須磨子纏著醫生大喊「你讓他再活過來」、「你讓他再活過來」，無奈醫生也無力回天。

當晚是明治劇場《初春》的第一場演出，由於這場公演是「藝術劇團」和歌舞伎、新派演員聯合舉行的演出，而且是和松竹公司[20]簽訂一年合約的工作，無論如何都必須開幕。

所幸明治劇場的觀眾極富人情。當須磨子出現在舞台時，眾人以如雷掌聲迎接，掌聲包含了對島村抱月的哀悼以及對須磨子的同情。接著才開始上演詩劇《初春》。據說須磨子演到摟著戀人屍體悲歌的場景時，觀眾席上傳出一陣又一陣的啜泣聲。

從這天開始，直至須磨子上吊自殺的兩個月期間，到底發生了什麼事呢？

首先，島村家遺族和「藝術劇團」共同組成協調委員會，處理島村的葬禮，一面演出《初春》，一面進行「藝術劇團」善後處理協議，另外還有島村家的財產問題等。好不容易一切都將圓滿結束時，不知是誰，也不知該人目的為何，突然爆出「須磨子與楠山正雄[21]幾次密商，楠山將成為第二個抱月？」、「兩人已經有過肉體關係？」等八卦。結果，猶如捅了馬蜂窩，相關人員再度嗡嗡叫了起來，胡亂螫人，最後螫出人命。

劇團幹事會甚至傳喚楠山正雄質詢真相。楠山正雄辨明那完全無稽之談，為此，他不但退出劇團，之後將近二十年都遠離演藝圈，轉向兒童文學之途。

島村抱月過世後，須磨子確實經常找楠山正雄商討事情。但商討內容是今後應該單獨一人扛起「藝術劇團」的團長重任，或乾脆聽從松竹公司的建議，成為該公司的專屬女演員等。

受四面八方圍剿，身心俱疲的須磨子，終於宣言將息影，「藝術劇團」面臨解散的危機。只是還有一場預計在新年公演的《卡門》，身為舞台人的須磨子，當然不能拒絕排練，這是她的社會責任。

松井須磨子，年代不詳。

回到舞台的須磨子，恢復女優本來的身姿，《卡門》正是她最能勝任的角色，當然叫好又叫座。然而，此時的須磨子已經決意自殺，她在自殺前幾天便拍好了新照片，照片中梳的髮型是島村抱月生前最喜歡的日本髮。

一月四日，也就是公演的第四天晚上，劇本部某團員恰巧路過舞台幕後，看到在舞台旁側等待出場的須磨子。據說該團員本來想打聲招呼，但是須磨子一動不動凝視著地板，嚴肅表情令該團員開不了口。

公演結束，須磨子回去後，徹夜寫了三封遺書，四點左右，叫醒外甥，讓外甥送出去其中兩封，最後一封塞進自己的和服腰帶。六點至七點之間，須磨子在「藝術劇團」的道具房上吊自殺。

須磨子的葬禮過程和島村抱月一模一樣，日子、時刻都一樣。會場規模盛大，靈堂四周擺滿了各界致送的花圈，知名新舊演員全出席。但是，她在遺書中再三哀求的「與島村抱月合葬」的心願，終究沒有達成。

島村抱月沒有正式離婚，他的遺骨已經安置在島村家的墳墓，第三者的須磨子怎麼可能和抱月葬在一起呢？最終還是娘家的人帶回須磨子的遺骨，讓她在家鄉永眠。

青煙　青煙　全部是青煙
所有一切　全部是青煙

這是松井須磨子在《卡門》第二幕唱的歌，也是她在舞台上唱的最後一首歌。

日本明治時代末期至大正時代初期的第一顆「明星」，如彗星般出現，又如彗星般消逝。「所有一切，全部是青煙」——這正是比世人跨前一步，走在時代先端的女性象徵嗎？亦或是孤高女性必須背負的命運十字架？

---

1 《復活》（*Resurrection*）是俄國文學家托爾斯泰（Leo Nikolayevich Tolstoy, 1828-1911）的最後一部長篇小說。

2 相馬御風（Sōma Gyohū, 1883-1950）。日本詩人、歌人、評論家，校歌與童謠作詞者。

3 中山晉平（Nakayama Shinpei, 1887-1952）。日本作曲家。

4 《前夜》（*Nakanune*），俄國現實主義小說家、詩人與劇作家屠格涅夫（Ivan Sergeyevich Turgenev, 1818-1883）的長篇小說。

5 夏目漱石（Natsume Sōseki, 1867-1916），日本作家、評論家與英文學者。

6 芥川龍之介（Akutagawa Ryūnosuke, 1892-1927），日

本小說家。

7 橫光利一（Yokomitsu Riichi, 1898-1947），日本小說家、評論家。

8 太宰治（Dazai Osamu, 1919-1948），日本無賴派小說家。

9 河灘乞丐，據說歌舞伎始祖出雲阿國最初在京都四条河灘跳舞，也就是現代的四条大橋附近的鴨川河灘。江戶時代以來，日本某些上流階級始終稱藝人為「河灘乞丐」，是一種鄙視用詞。

10 《玩偶之家》（*A Doll's House*）。易卜生（Henrik Johan Ibsen, 1828-1906）於一八七九年的劇作，亦是他的代表作品，又譯作《娜拉》。

11 契訶夫（Anton Chekhov, 1860-1904），俄國短篇小說家。

12 蘇德曼（Hermann Sudermann, 1857-1928）。德國小說家、劇作家。德國自然主義運動的主要作家之一。善寫鄉土風俗，著有《憂愁夫人》（*Frau Sorge / Dame Care*）、《貓橋》（*Der Katzensteg / Cats' Bridge*）、《榮譽》（*Die Ehre / Honour*）、《故鄉》（*Heimat / Homeland*）等。

13 蕭伯納（George Bernard Shaw, 1856-1950）。愛爾蘭劇作家，一九二五年獲諾貝爾文學獎。著有《聖女貞德》（*Saint Joan*）、《賣花女》（*Pygmalion*）、《宿命之人》（*The Man of Destiny*）、《鰥夫的房產》（*Widowers' Houses*）等。

14 《凱撒大帝》（*The Tragedy of Julius Caesar*）。

15 《卡門》（*Carmen*）。

16 瑪格塔・戈培爾（Magda Goebbels, 1901-1945）。納粹德國宣傳部長的妻子。二戰末期，蘇聯軍隊即將攻佔柏林時，瑪格塔與丈夫毒殺了他們的六個孩子，之後雙雙自殺。

17 川中島之戰，戰國大名武田信玄（Takeda Shingen）和上杉謙信（Uesugi Kenshin）之間的五次大小戰役總稱。

18 松代藩，江戶時代信濃境內最大的藩，領地約現在的長野縣長野市。

19 加布里埃爾・鄧南遮（Gabriele D'Annunzio, 1863-1938）。義大利詩人、記者、小說家、劇作家。主要作品有《玫瑰三部曲》。

20 松竹（Shochiku）。日本五大電影公司之一，經營範圍橫跨表演藝術及電影產業。

21 楠山正雄（Kusuyama Masao, 1884-1950）。日本劇場評論家、編輯、兒童文學家。當時在早稻田大學教授近代戲劇，也是藝術劇團劇本部的成員。

PART 2——大正奇女子

平塚雷鳥（Hiratsuka Raityou，一八八六～一九七一）

新女性的旗手

元始，女性是太陽

明治四十四年（一九一一）九月，也就是大正時代開幕前一年，平塚雷鳥率領一群年輕女性，創辦了主張女性主義的青鞜社，發行《青鞜》雜誌，呼籲女性意識的覺醒。即便以現代女性的眼光來看，也不得不佩服平塚雷鳥的革新精神及其無畏膽力。

1911年，平塚雷鳥。

平塚雷鳥在《青鞜》創刊號發表〈元始，女性是太陽〉一文：

> 元始之初，女性原為太陽，是一個真正的人。如今，女性是月亮。仰賴他人而存在，依靠他人的亮光而發光，是宛如病人的蒼白月亮。
>
> 現在，《青鞜》發出初啼。
>
> 由現代日本女性的智力與雙手製作的《青

鞜》發出初啼。

女性做的一切，目前只會招引嘲笑。

我深知，隱藏在嘲笑背面的某種東西。

我一點也不害怕。

但是，該怎麼辦呢？這些女性主動在自己身上添加的羞恥和污辱之慘狀。

女性真的是令人嘔吐的存在嗎？

不，不，真正的人是——

平塚雷鳥的親筆美術紙箋，「元始之初，女性原為太陽，是一個真正的人」。

我們做了現代女性能力可及的事。竭盡心力產下的孩子正是這本《青鞜》。也罷，無論這孩子是腦殘或是畸形兒，亦或是早產嬰兒，都沒辦法了，我們應該暫且滿足。

可是，我們真的竭盡所有心力了嗎？啊，

1911年，「青鞜社」同人於東京勝林寺內「青鞜社」紀念攝影，左邊第三個是平塚雷鳥。

誰？誰會滿足呢？

我在此將為女性增添更多的不滿。

女性真的是如此無力的存在嗎？

不，不，真正的人是——

（以下省略）

《青鞜》正是集結這一群年輕女性的驚人決心而創刊。能有這樣的集結，出發點當然是以生田長江[1]為主的文學研究小組。小組成員本來只是討論文學，後來又延伸至社會批判和政治問題等，之後才發展為以女性為主的文學雜誌。

此時的平塚雷鳥僅二十五歲。

《青鞜》雜誌的命名者是生田長江。建議平塚雷鳥創辦《青鞜》雜誌的人也是生田長江。

十八世紀中旬，英國倫敦某富豪夫人主辦的文化沙龍，聚集了一批討論藝術、文學、科技的女性，這些女性不追逐時髦和享樂，也不穿普遍入時的黑襪子，而穿藍襪子，故在當時成為「知識女子」、「新女性」的代名詞。「青鞜」這個名稱正是由此而來。

《青鞜》的創設宗旨不僅在培育女作家，也在推廣女性覺醒的思想，繼而促進女性解放運

1912年，「青鞜社」同人於大森森之崎新年會紀念攝影，右邊第二個是平塚雷鳥，前列中央是創刊號封面插畫家長沼智惠子（Nagamuna Chieko, 1886-1938），與雕刻家、詩人高村光太郎（Takamura Kōtarō, 1883-1956）結婚，成為高村智惠子（Takamura Chieko）。

《青鞜》創刊號封面。

動。

創刊號除了刊登已經在文壇登場的與謝野晶子的作品，贊助員包括森鷗外夫人、森鷗外的妹妹、國木田獨步[2]夫人等。這些都是生田長江推薦的成果。

根據平塚雷鳥的自傳，前往與謝野晶子家委託晶子為《青鞜》創刊號寫稿的人，正是雷鳥本人。雷鳥說，「閨秀文學會」時期的與謝野晶子，因婚後生活困苦而落魄不堪，既消瘦又憔悴，但此時的與謝野晶子則成熟濃艷得令人瞠目結舌。

這一年，正是與謝野晶子送丈夫前往法國留學的時期。

在平塚雷鳥眼中看來，與謝野晶子似乎很滿足丈夫的包容，而且以身後有個丈夫當靠山這事為榮。

晶子雖然爽快答應為《青鞜》執筆，其實內心極為鄙視雷鳥曾與男性發生的「鹽原事件」（詳見下文）。

同樣是女人，立場不同，觀點也就不同。

平塚雷鳥站在爭取新女性地位的旗幟下，她當然無法理解既要養丈夫、又要養孩子的與謝野晶子的內心感情。不過，當天，她在和晶子聊天時，晶子說了一句「新詩社的詩歌，也是男性寫得比女性出色」，這句話令雷鳥非常反感。「也是」這個詞，透露出晶子始終認為男性比女性傑出的潛在心理意識。

歸途，雷鳥想到晶子一方面向世人高呼女性解放，一方面又滿口慶幸自己可以窩在男人的羽翼底下，理論充滿矛盾。雷鳥愈想愈覺得心情很不舒服，不舒服到咬牙切齒的程度。

不過，晶子於日後送來的詩，恰如自地平線升起的解放黎明之光。

山動之日將至
我如此說可能沒人相信
大山只是暫時沉睡
往昔
大山都是燃燒滾動的
然而，你可以不信
人呀！啊！只要相信這個！
所有沉睡的女性此刻就要醒來行動
（以下省略）

看來，作者的潛在心理意識和作品完全是兩回事。從此詩文也可以看出，與謝野晶子雖然鄙視平塚雷鳥的過去，但她沒有否認《青鞜》雜誌，反倒將女性比喻為「沉睡的大山」，並表示，這座大山即將醒來。

如此，女性意識覺醒的第一把烽火燃起了。這把火，亦呼籲女性不能光有改革精神，也必須伴隨行動。

《青鞜》創刊後，日本女子大學一些具有文才的女學生，果然付諸行動，接二連三提筆投

1914年，「青鞜社」同人新年會紀念攝影，右邊第一個是平塚雷鳥。

稿，不但直接影響雜誌的發展，也間接喚醒了一般女性的自立意識。

平塚雷鳥不但要安排版面設計，還得親自寫創刊序言。據說，她腦中閃出「元始之初，女性原為太陽」這句話後，便中邪般地一口氣完成稿件。

男尊女卑激起叛逆精神

生於明治十九年（一八八六）二月十日的雷鳥，本名只有一個單字「明」（Haru）。父親是明治政府的高級官吏，母親娘家是江戶的開業醫生。母親生長在江戶庶民居住的下町地帶，從小就學習舞蹈和三味線，不料竟嫁到官吏家。

身處政界的平塚家認為舞蹈和三味線是淫亂風氣的元凶，嚴禁雷鳥的母親彈唱，並強迫她學習英語。雖然她經常身穿丈夫自外國買回來的洋裝，羨煞左鄰右舍的女性，但她內心始終對這種驟變的婚後生活懷著不滿。她為丈夫生了三個孩子，一人夭折，另一個是長女，次女正是雷鳥。

打雷鳥懂事起，家裡的一切便都是「和洋折衷」，書架擺滿了歌德[3]、席勒[4]、海涅[5]的詩集，以及眾多德文原文書，天花板掛著西洋枝形吊燈，地板鋪著花卉圖案的西洋地毯。

明治二十年（一八八七）一月，皇后發出鼓勵穿洋裝的詔書，之後，上流階層婦女出席儀式時均一律穿洋裝。當然這是文明開化時代的潮流，不過，上流階層和中流階層的婦女之間，也確實存在著一股歐化競爭風氣。

也因此，雷鳥和姊姊從小便穿著同樣款式的洋裝，走到哪裡都會引人注目，算是時代先驅姊妹。

明治十六年（一八八三）開幕的「鹿鳴館時代」，離雷鳥出生那年僅隔四年，鹿鳴館閉幕後，其餘波仍在世間留下華麗色彩。雷鳥正是在這種燦爛餘波中度過童年。

皮膚白皙的姊姊溫柔可親，與姊姊比起，沉默寡言的雷鳥看似男孩。父親是完全歐化的官吏，不但教導妻子學會該怎麼辦郊遊、怎麼玩撲克牌，還讓妻子帶著一對女兒去進行這類家族活動。雷鳥和姊姊就是在這種近代新家庭中長大。

進附屬幼稚園讀書後，雷鳥首次得知自己發不出聲音。並非不會說話，而是在上音樂課時，她無法像其他兒童那般大聲唱歌。小學成績很好，唯獨唱歌落後於人，這點令雷鳥相當自卑。

另一方面，平塚家的家庭教育極為嚴格，男孩和女孩做的事截然不同，連遊戲也有區別。雷鳥自小即心懷疑問，之後逐漸對「男女有別」感到憋屈。

小學畢業後，雷鳥進東京女子高等師範學校附屬高等女子學校[6]就讀。這是父親選定的官立學校。當時，女子的升學例子仍不多，可以進官立學校就讀，令雷鳥萌生自己是精英階級的意識。

明治政府於三十一年（一八九八）公佈女人隸屬「門戶制度」的民法親屬篇與繼承篇，翌年公佈的高等女子學校令，又規定女子高等教育的科目以縫紉、家務、手工藝、禮法為主。也就是說，女子接受高等教育的目的不在吸收學問知識，而是學習將來作為妻子、作為母親時，可以馬上應用在家庭生活的實際技能。也因此，當時的女子高等學校的教育，目的都在讓女子奴從男人、聽命父權、從屬國家。

雷鳥在家庭中接受了男女有別的教育，在學校又要接受賢妻良母型的教育，這對她來說不僅難以忍受，更激發出一股強烈的叛逆精神。

女性意識的覺醒

女子學校畢業之前，雷鳥便以批判者的眼光冷靜看待自己的父親和母親。在平塚家，雷鳥是個聰明好勝、值得信賴的女兒，但在雷鳥眼

中，小時候認為很親近的父親，其實是個霸道的「絕對存在」。

往昔，父親認為下町的三味線有損官吏門第的聲譽，禁止母親彈唱，甚至逼迫母親學習英文；而在女兒即將畢業的今日，父親竟然禁止女兒學習英文，而理由是「女子不需要外語能力」。

身為政府官員身分的父親，為了配合國策與當時的復古潮流，如此做或許理所當然，但對雷鳥來說，怎麼看都覺得父親是個獨裁者。

既然父親不准女兒學習英語，女兒只能瞞著父親偷偷學習。

這時期的雷鳥，閱讀嗜好逐漸傾向宗教、哲學、思想之類的書籍，比起情趣，她更喜歡思索。

女子學校畢業後，若還想繼續升學，可以選擇專業科，也就是高等師範學校。不過，高等師範學校終究脫不開賢妻良母教育。此時，雷鳥讀了成瀨仁藏[7]著的《女子教育》一書，最後選擇了日本女子大學。這一年是明治三十六年（一九〇三），雷鳥十七歲。

成瀨仁藏於明治二十七年（一八九四）自美國歸來後，到處宣講女子教育的重要性，最後於明治三十四年（一九〇一）創設了日本女子大學。創校宗旨為「視女子為人而教育、視女子為婦女而教育、視女子為國民而教育」，正是這個創校宗旨吸引了雷鳥的心。

平塚家的獨裁者父親起初不允許女兒繼續升學。這也難怪，那個時代的上流階級戶長大多認為「女子讀太多書，反倒會變得不幸」。幸好母親也出面懇求，總算得到父親認可，但條件是只准進「家政科」。

日本女子大學嚴守成瀨校長的「自主」、「自學」宗旨，並非填鴨式教育。禮堂高高掛著「人格徹底，自發創生，實踐倫理」匾額。雷鳥很喜歡上一週一次的成瀨校長的「實踐倫理」課。校長在課堂講授的世界觀、宗教觀、道德觀等，都與官立女子高等師範學校灌輸的賢妻良母式教育不同。

雷鳥入學後第二年，曾經為了與謝野鐵幹，和與謝野晶子展開一場三角戀愛爭鬥的山川登美子，也入學讀英文科，另一位「新詩社」的《明星》才女則進入國文科。

表面看去，雷鳥似乎穩定下來。然而，雷鳥發現宿舍的舍監學長只學習了成瀨校長主義的形骸，標榜的都是一些死背的教條，漸漸開始失望。而且，雷鳥明明是家政科的學生，卻經常出入文科教室，這點也令舍監學長視雷鳥為異端份子。

這些不以為然延燒至成瀨校長身上，雷鳥對校長逐漸產生距離感。據說，成瀨校長時常提起學校後援者的名字，例如三井、住友等財閥富豪，或伊藤博文等政府高官，並要求學生應該對他們心懷感激，這些都令雷鳥極為反感。

她逐漸理解，原來她信賴的校長與學校，也受縛於庸俗的世間約束，有時會因此而感到空虛。於是，雷鳥變得經常躲在圖書館，沉浸在閱讀的書香中。

確立自我

明治三十七年（一九〇四）十二月，日俄戰爭中的日本軍隊佔領了二〇三高地，與謝野晶子在《明星》九月號發表其著名傑作〈你不要死〉，引起眾人議論。這一年，雷鳥在圖書館發現與基督教有關的書籍，開始凝視自己，繼而沉迷於黑格爾[8]、斯賓諾莎[9]、叔本華[10]、奧伊肯[11]、尼采[12]等人的翻譯書。

雷鳥從基督教書籍中習得神祇觀念，再於西洋哲學書籍中尋求答案。經過一段艱難的摸索時期，雷鳥總算明白何謂「內觀」。於是，她前往日暮里的禪庵學習禪學。時為明治三十八年（一九〇五）初夏，雷鳥正值大學三年級。

庵主老師出的參禪課題非常難，雷鳥首次理解自己從未體驗過現實生活的辛苦，也首次理解光憑智力也回答不出的禪學深度。老師出的

1921年，平塚雷鳥，奧村博史（Okumura Hiroshi, 1889-1964）畫。

課題是「父母未生前，你的本來面目是什麼？」即便尋不出答案，雷鳥還是在翌年得到老師授予的「慧薰」法名。

父親和母親開始擔憂雷鳥的婚事，雷鳥卻一面熱中於禪學，一面到英語學校學習英文。她在英語學校認識了生田長江等一些剛從大學畢業的年輕文學家。英語學校非常自由，不但不點名，也沒有考試，教材則是《少年維特的煩惱》[13]、《莎士比亞戲劇故事集》[14]等，令雷鳥再度體驗了新天地，步入文學之途。

之後，生田長江組成「閨秀文學會」，並開辦文學講座。講師都是明治文壇的著名人物，例如與謝野晶子、島崎藤村等，而且都是沒有報酬的志工服務。

文學會也有會員專用的傳閱雜誌，雷鳥在傳閱雜誌寫了一篇〈愛的末日〉小說。

小說的女主角畢業於女子大學，自我意識很強。小說描述女主角因對戀愛對象感到不滿，打算結束這段戀曲，但對方不肯分手。女主角遂拋棄對方，前往長野縣的女子學校當教師。小說的焦點集中在放棄婚姻，選擇工作的女性心理。

由這篇小說也可以看出，「新女性的自覺」

已經在雷鳥內心扎根。

鹽原殉情未遂事件

當時擔任「閨秀文學會」文學講座講師之一的森田草平[15]，針對小說〈愛的末日〉寫了一篇精心評論寄給雷鳥，並給予高度讚揚。雷鳥高興得立即回信。她完全不知道森田草平的私生活，也不知道對方已經有一個女兒，更不知道對方在男女關係方面的態度極為放任。

以此為契機，兩人親密起來，一星期後，進行第一次約會。從早上九點至夜晚九點，從水道橋至上野公園，一直在散步聊天。夜晚的上野公園，兩人坐在長凳，森田突然跪在地面，吻了雷鳥的褲裙。這種戲劇式的舉動令雷鳥感到心煩，感到做作，情不自禁對森田說：「我不喜歡裝模作樣。你不用客氣，要做就做得直截了當一點。」

站在女性的立場來看，或許有人能理解雷鳥的意思。她不是在催促森田採取更進一步的行動，而是明顯的「還擊」。無奈，在這方面，男性和女性之間永遠橫亙著一道深溝。

兩天後，森田邀雷鳥到旅館見面。兩人喝著啤酒，森田一直在發表自己的文學論，甚至批評生田長江是個偽善者。最後，森田拉出房間的被褥，橫躺著向雷鳥揮手說「妳也過來」。

對性慾毫無自覺也不感興趣的雷鳥，脫口喊出：「我不是女人！」接著又喊出：「我也不是男人！」最後大叫：「我是超越男女性別的存在！」

這兩句話，似乎正是雷鳥對「父母未生前，你的本來面目是什麼？」的課題答案。

這三句話令森田很掃興。只是，碰到這種情況，男人（尤其自稱文學家的男人）往往三句不離「人生少不了戀愛和性慾」，「人生即性慾」等說詞。森田最後說：「那妳不是等於空無嗎？」雷鳥隨即答：「空無，無所謂。」

一般說來，事情發展到此地步，只能分手。

不料，這兩人竟走向自暴自棄的死胡同。

森田這個男人，比雷鳥年長五歲。他一直懷疑母親於父親在世中便和其他男人私通，父親過世後，該男人乾脆住進來，濫用父親留下的財產。基於對母親的不信任感，導致他在異性方面也非常不負責任，和許多女性發生過親密關係，是典型的厭世者。

當時的雷鳥也算是一種厭世者。只是，雷鳥的煩惱和森田草平的煩惱，性質完全不同。根據森田草平的描述，森田就像船桅折斷的遇難船，雷鳥則宛若即將沉沒的新造船。雖然兩人的煩惱並不相同，卻仍於三月發生轟動世間的「鹽原殉情未遂事件」。這是雷鳥主動提出的邀約，森田這方則誤以為雷鳥提出的「你跟我一起死」的要求，是雷鳥的至高愛情表現。

簡單說來，森田一直在騷擾雷鳥，不但頻頻寄出情書，還在文學講座課堂中遞紙條給雷鳥。紙條上寫著「妳應該是個早逝的女子。所以，我很想殺掉臨死前最美的妳」。當然這也不能全怪森田，畢竟雷鳥也寄出極具挑釁味的信，例如「我的世界是包含一切矛盾的空無世界」，或「我的世界是超越死亡的寂滅世界」等。

一個是迷上禪定的女子，一個是立志當小說家的男子……兩人會走上危險遊戲這條路，應該也不奇怪。

雷鳥於日後在文章中說明，森田那方完全是演出，毫無自殺念頭。但當時的雷鳥確實打算自殺，不但從家裡帶出一把護身短刀，還留下遺書。結果，兩人在深雪覆蓋的山中，因森田將短刀扔到山谷，自殺失敗，最後疲憊不堪，在幾乎凍死之前的狀態下獲救。

報章雜誌大肆報導「紳士淑女殉情未遂，情夫是文學士、小說家，情婦是女子大學畢業生」，甚至公開雷鳥的照片，批判她是色情狂。雷鳥立即遭日本女子大學開除。生田長江和夏目漱石都建議兩人乾脆結婚，可是，這種建議反倒令雷鳥心生厭惡。畢竟雷鳥不是為愛

1912年，《青鞜小說號》。

1913年，《青鞜小說集》第1號。

情而邀約森田草平一起殉情。

總之，殉情以未遂結束，追趕者將瀕臨凍死的兩人帶回東京。森田草平在夏目漱石的庇護及指導下，詳細記下殉情的來龍去脈。雷鳥這方因礙於世間的批評，暫時躲在長野縣松本，之後又回到東京過著每天坐禪的日子。

日後，森田草平受夏目漱石推薦，在《朝日新聞》連載殉情未遂事件內容的長篇小說《煤煙》，正式於明治文壇登場。據說，寫信通知平塚家將在報紙連載事件小說的人正是夏目漱石，而《煤煙》也並非忠實記錄，因此雷鳥才會於日後批評夏目漱石是個騙子。

小說連載期間，雷鳥寄了一封絕交信給森田草平，並在信中宣言「我做的事，是我前所未有的大事業。此經驗永遠屬於我個人」。

雷鳥在二十一歲發表小說處女作〈愛的末日〉，二十二歲發生殉情事件，二十五歲創辦《青鞜》雜誌。當時，與謝野晶子在接受邀稿時，內心之所以鄙視雷鳥，是因為在社會鬧得

1914年，《青鞜小說號》，封面奧村博史畫。

沸沸揚揚的「鹽原事件」記憶仍未褪色。「鹽原事件」可以說是雷鳥終生難癒的心靈創傷。

從婦女解放到世界和平

《青鞜》雜誌創刊第二年，明治時代告終，迎來大正元年（一九一二）。

與謝野晶子在這一年前往巴黎與丈夫相會，雷鳥也在這一年遇見人生中最重要的男人——奧村博史。

雷鳥於日後述說，奧村博史是唯一令她萌生類似母性本能感情的男性。奧村小雷鳥五歲（虛歲，實際小三歲半），當時是個貧窮的習畫學生。雷鳥為了他，丟下雜誌的編輯工作，不顧世間與雜誌內部的批判，毅然與他同居。

大正四年（一九一五）一月號起，《青鞜》雜誌的編輯權正式轉讓給他人，雷鳥也在這一年生下長女。大正五年（一九一六）《青鞜》雜誌停刊，大正六年（一九一七）雷鳥生下長男。由於沒有正式結婚，這兩個孩子當初都是私生子。

不久，奧村博史患上結核，雷鳥為了養家，首次體會到何謂真正的「為生活而掙扎」的滋味。於是，她想到「母性保護」問題。雷鳥在文章中述懷：

> 實際上，所謂母親的工作，是無數一連串的不規則雜務，以前我為了工作，熬夜兩三個夜晚都不在乎，現在竟然被從未經歷過的慌忙，與沒完沒了類似生悶氣的焦躁感弄得疲憊萬

分。我失去自己的人生，失去自己的存在，我感到自己的一切都被奪走，非常悲哀。

肩上扛著一個生病丈夫與兩個孩子，雷鳥已經不再是往昔那個「超越男女性別的存在」，

1923年，平塚雷鳥一家人。

況且她不會裁縫也不會烹飪，難怪會陷入漫無邊際的焦躁感。

大正七～八年（一九一八～一九），雷鳥和與謝野晶子針對「母性保護論」展開一場轟轟烈烈的筆戰。這場筆戰還拉入不少著名男女作家，各自發表職業婦女與妊娠、生產、育兒問題之論說。

雷鳥主張，國家應該保護處於妊娠、生產、育兒期間的女性，亦即「母性中心主義」；晶子站在否定立場，責備「母性中心主義」是另類的「奴隸道德」、「倚賴主義」。晶子甚至公開呼籲，「女子在沒有獲得經濟性的獨立之前，根本就不該結婚生子」。

倘若按照晶子的理論去做，別說日本現代女子，恐怕全球有九成以上的女子都無法結婚生子，人類乾脆滅亡算了。

客觀看的話，晶子不但要養丈夫，還要養十一個孩子，生活貧困時也不服輸，照樣在文藝界活躍並進行社會活動；比起晶子的理論，雷

晚年的平塚雷鳥。

1949年，晚年的平塚雷鳥。

鳥的「母性中心主義」顯然過於美化母性與育兒工作。

不過，此問題在現代也仍未解決，實在很難決定孰是孰非。就我個人的觀點來說，爭論本身毫無意義可言。每個女子都有各自的立場和生活背景，何況並非所有女子都擁有晶子那般的才華，或具有雷鳥那般的膽量及富裕娘家，不能一概而論。

總之，雷鳥經歷過這場筆戰後，逐漸步入婦女解放運動之途，並成為各種組織團體的代表之一。

時代跨入昭和，戰爭時期的雷鳥已非社會活動旗手，她的關心傾向育兒和環境問題。不僅雷鳥，戰爭時期的治安防暴法，令所有女性主義活動家不得不保持沉默，尤其和社會主義有關的活動及著述，全受到管制、鎮壓。雷鳥開始著迷「手掌療法」，熱衷於神祕主義，也在這個時期和奧村博史正式結婚。

雷鳥於戰爭時期的疏散地是茨城縣鄉間，她

和丈夫、孩子過著自給自足的農耕生活，種蔬菜、養羊、擠奶，手製梅子、醬菜、味噌等。雷鳥在自傳中幾乎沒有言及對戰爭的感想，似乎有意封印或勾消對戰爭的記憶。

日本戰敗那年，雷鳥六十歲。

戰後，過去的伙伴在東京成立「新日本婦女同盟」，催促雷鳥參加，雷鳥沒有呼應，繼續留在茨城縣。駐日盟軍總司令組成「婦女民主俱樂部」時，許多昔日的女性主義運動旗手都參加了，唯獨雷鳥不聞不問。原來雷鳥已對婦女解放運動失去興趣，她的夢想變成「世界和平」，日後不但參與「世界聯邦建設同盟」，甚至擔任常任理事。

雷鳥的「元始之初的太陽」不再限於女性，而是擴展至世界和平。

昭和四十六年（一九七一）五月二十四日，雷鳥離開塵世，享壽八十五。她於生前始終支持「穿藍襪子的女性」，最後平靜地過世。

晚年的平塚雷鳥。

坦白說，我覺得即便閱讀了雷鳥的自傳，以及他人為她寫的文章，也不見得能理解平塚雷鳥這個人，反倒是與謝野晶子比較乾脆、易懂。

世人給她冠上的「新女性」、「母性主義者」、「軍國之母」等封號，似乎都不是她的本性。

只能說，雷鳥的人生，是一連串的「反抗細胞的組合」。

---

1 生田長江（Ikuta Cyōkō, 1882-1936）。日本評論家、翻譯家、劇作家、小說家。

2 國木田獨步（Kunikida Doppo, 1871-1908）。日本小說家與詩人。

3 歌德（Johann Wolfgang von Goethe, 1749-1832）。德國戲劇家、詩人、自然科學家、文藝理論家及政治人物。

4 席勒（Johann Christoph Friedrich von Schiller, 1759-1805）。德國十八世紀著名詩人、哲學家、歷史學家和劇作家，德國啟蒙文學的代表人物之一。

5 海涅（Christian Johann Heinrich Heine, 1797-1856）。德國詩人和新聞工作者。

6 東京女子高等師範學校附屬高等女子學校，為御茶水女子大學附屬中學、高中前身。

7 成瀨仁藏（Naruse Jinzo, 1858-1919）。山口縣出身。日本女子大學創立者。

8 黑格爾（Georg Wilhelm Friedrich Hegel, 1770-1831）。德國十九世紀唯心論哲學的代表人物之一。

9 斯賓諾莎（Baruch de Spinoza, 1632-1677）。西方近代哲學史重要的理性主義者。

10 叔本華（Arthur Schopenhauer, 1788-1860）。德國著名哲學家。

11 奧伊肯（Rudolf Christoph Eucken, 1846-1926）。德國唯心主義哲學家，一九〇八年諾貝爾文學獎得主。

12 尼采（Friedrich Wilhelm Nietzsche, 1844-1900）。德國哲學家。

13 《少年維特的煩惱》（*The Sorrows of Young Werther*），歌德的成名小說。

14 《莎士比亞戲劇故事集》（*Tales from Shakespeare*），英國散文家查爾斯・蘭姆（Charles Lamb）和他的姊姊瑪麗・蘭姆（Mary Lamb）將莎士比亞戲劇改編成故事。

15 森田草平（Morita Sōhei, 1881-1949）。作家、翻譯家。夏目漱石門生之一。

竹久夢二（Takehisa Yumeji，一八八四～一九三四）與其畫中的女人

大正年代是個既甘美又帶點憂愁，摩登中又隱含頹廢，反抗性和敗北性同時存在的時代。

竹久夢二的畫，恰好是大正時代的象徵。

通過他的畫風來看，從他初露頭角到過世之前，大致可以分為四個時期。第一時期是京都府立圖書館舉辦「第一回夢二作品展」（大正元年／一九一二）之前，第二時期是夢二第一次出版插圖歌集（大正八年／一九一九）之前，第三時期是他在報紙連載附插圖的自傳小說《出帆》（昭和二年／一九二七）之前，最後是過世之前的第四時期。

竹久夢二的繪畫意境與他的妻子、情人緊密相連，也就是畫中的模特兒。第一時期是岸他萬喜[1]（阿環），第二時期是笠井彥乃[2]（阿乃），第三時期是佐佐木兼代[3]（阿葉）。

夢二式美人：阿環

阿環（戶籍名岸他萬喜）是石川縣金澤市法官家的次女，十八歲時與工藝學校的繪畫教師結婚，生下一男一女。五年後，丈夫病歿，成為寡婦。阿環將女兒送出去當養女，兒子留在婆家，自己單獨上京。她哥哥在東京經營明信片店鋪，通過哥哥的援助，明治三十九年（一九〇六）十一月，在新宿區早稻田鶴卷町開了一家分店。

左頁圖：1910年，「產衣」（襁褓），竹久夢二畫。

女十題の内
産衣
夢二

這時的竹久夢二已經在報紙、雜誌發表插圖。阿環開店第五天，夢二便來光顧。之後幾乎每天造訪，最後為阿環素描，這正是「夢二式美人」的原型。在這之前，夢二的模特兒是故鄉的姐姐和母親。

翌年一月，二十三歲的夢二熱烈地向二十五歲的阿環求婚，兩人正式結婚。明治四十二年（一九〇九）二月，阿環生下一男孩，同年五月，兩人又離婚。原因是阿環性情激烈，與感性纖細的夢二經常吵架。

1910年，「黑貓」，竹久夢二畫。

阿環的夢想本來就是想當畫家，才會丟下兩個孩子上京尋求新天地，在當時算是自我意識很強的女性。起初，阿環為了讓丈夫成為一流畫家，興高采烈地聽從夢二的吩咐，換髮型、換和服地當「夢二式美人」的模特兒。

夢二這方也對年長兩歲的妻子懷過多期待，不停將妻子打造成自己的理想人偶，更視妻子為創造源泉，企圖從中汲取情感與肉感。

如此，《夢二畫集・春之卷》（一九〇九）

及《夢二畫集・夏之卷》（一九一〇）均大暢銷，畫中那富有濃濃鄉愁的「夢二式美人」，遂成為明治時代末期大眾的憧憬對象。

換句話說，「夢二式美人」是夢二和阿環、男人和女人的合作。當豐饒文明意境的明治時代，轉移至浪漫抒情意境的大正時代，這個過渡時期的象徵正是「夢二式美人」中的阿環。

然而，我執太強的阿環不可能一直當夢二的人偶，夢二也不願意一直當阿環尋求夢想的代用品。兩人離婚後又同居，同居後又分手，彼此想要吞噬對方，結果總計生下三個孩子，依舊無法圓滿地白頭偕老。

大正三年（一九一四），夢二為阿環在日本橋吳服町開了一家美術雜貨店「港屋」，讓阿環當老闆娘。生意非常好，每天都有眾多年輕女子慕名而來。無奈，阿環終究是夢二的「商品樣品」，客人來的目的都是為了看一眼真人版的「夢二式美人」。

後來，阿環和其他畫家的關係成為閒話，夢二在富山縣海岸刺傷阿環的手臂，兩人落得悲慘結局。

哀愁的女人像：阿乃

日本橋本銀町有一家宮內省御用紙批發商，獨生女名為笠井彥乃，就讀女子美術學校，是夢二的粉絲。她來「港屋」拜託夢二當她的美術家庭老師。

夢二由於長期和阿環處於激烈糾紛關係，身心俱疲，逐漸迷上彥乃那看似孤單淒涼的美貌及溫柔態度，終於超越師徒關係，和彥乃陷入戀情。夢二私下叫彥乃為「阿乃」。

彥乃的父親喪妻，極為溺愛獨生女，得知女兒和一名年長十二歲的畫家有關係，氣憤之餘便嚴格監視女兒的一舉一動。

夢二和阿乃本來用暗號「山」（彥乃）、川（夢二）偷偷通信，但在嚴格的監視下，連通信也無法如願。夢二感到很無力，移住京都。

1919年，「黑船屋」，竹久夢二畫。

大膽的彥乃欺騙了父親逃出家，也前往京都，投向心愛人的懷抱。

夢二和阿乃、夢二的次子三人，悄悄住在京都高台寺南門附近，有時一起去看戲劇，有時到北陸旅行。對別稱「漂泊抒情畫家」的夢二來說，這段時期是他終生中最溫暖的記憶，無奈幸福的日子不長久。

憤怒不堪的彥乃的父親搜尋至兩人住處，不容分說就帶走了阿乃。

雖然阿乃再度逃出家返回京都，可是，她已經遭病魔侵蝕，餘生不多。夢二因工作前往九州時，阿乃也追隨。兩人在大分縣別府市相會後，發病的阿乃終於咯血。阿乃向夢二說，如果可以活到二十五歲便很滿足，夢二答，這樣不是只剩兩年嗎？

「不過，兩年已經夠了。你這麼寵愛我，兩年是貴重的長久歲月呀。」阿乃說。

彥乃的父親再度帶發病的女兒返回東京，讓

左頁圖：1920年，「秋憩」，竹久夢二畫。

阿乃住進御茶水的順天堂醫院療養。夢二也住進本鄉的旅館，但彥乃的父親禁止夢二去探望阿乃。

阿乃果然只活到虛歲的二十五歲，於大正九年（一九二〇）一月，結束了她那短暫人生。阿乃過世後，三十七歲的夢二有陣子一直無法爬出悲嘆深淵。

以笠井彥乃為模特兒的女人像，洋溢著哀愁氛圍。

大正時代的民眾嚮往自由，強大的國家權力卻封住出路，民眾只能在夢二的哀愁美人像中尋求甘霖。

清純魔性兼具：阿葉

由於夢二不能去醫院探望瀕死的彥乃，在本鄉的旅館過著行屍走肉般的日子。崇拜夢二的粉絲擔憂如此下去會毀掉夢二的才能，拚命尋找長得與彥乃相似的模特兒。帶來的人正是佐佐木兼代・阿葉。

大正八年（一九一九）四月，夢二此時三十五歲，兼代十五歲。

兼代生於秋田縣的貧戶，十二歲時與母親一起上京，在素陶器工廠工作。年齡雖小，身高相當高，修長身材配上細長清秀的大眼睛與長睫毛，外貌頗引人注目。

某天，有個自稱東京美術學校教師的妻子的人來找兼代，推薦她去當美術學校的模特兒。這時期的模特兒工資是裸體半天六十錢，半裸體四十錢，有穿衣服的二十五錢，而女工月薪不足六圓。兼代若去當美術學校的模特兒，即便穿著衣服讓人畫，也可以賺到六、七倍的工資，裸體則為十倍以上。何況對方是美術學校的妻子，竟然親自來說情，兼代便答應了。

教師的妻子帶兼代到美術學校後，眾人馬上說服兼代從一開始就當裸體模特兒。工作時間是上午九點至十二點，但實際的裸體時間僅兩小時，工資五十錢。

左頁圖：1926年，「雪夜傳說」，竹久夢二畫。

除了擔任美術學校的模特兒，兼代也在同一間學校的西洋畫科教授藤島武二[4]的工作室當模特兒。藤島武二當時五十歲，畫的是風景、靜物，很少用模特兒，但他似乎打算把兼代培育成真正的模特兒，待兼代如親生女兒。

除了上述兩處，兼代又到下谷區某模特兒介紹所辦了登記手續。美術學校的裸體模特兒工作並非每天都有，而且只是半天，兼代想多接些工作，多賺點錢。通過介紹所的仲介，兼代成為伊藤晴雨[5]的模特兒。

伊藤晴雨以「變態畫師」著稱，擅長幽靈畫、SM繩縛畫。他在著書《今昔愚談》中提到兼代：

> 我的第一個模特兒並有男女關係的女人，是秋田縣出身人稱「撒謊兼」的女人，她是已故藤島武二的專屬模特兒，我從大正五年到七年一直用她，魅力滿分（中略），瓜子臉，讓她梳成島田髻，再繩縛起來速寫，絕對是最佳容貌和體格。

也就是說，這三年期間，兼代不但是伊藤晴雨的SM繩縛模特兒，亦是他的小老婆。

在此期間，兼代也到另一位雕刻家的工作室當模特兒。這位雕刻家是美術學校的教授，出名的色狼。但兼代只賣時間給他，不賣色。教授的妻子嫉妒心很重，只要工作室發出一點聲響，便會立刻趕來觀看動靜。兼代似乎很喜歡挑逗教授的妻子。

後來，兼代懷孕了，在她還不知道孩子的父親是誰時，胎兒即流產。因此緣故，兼代暫時請了病假，不出去當模特兒。

大正八年春天，兼代再度到美術學校工作，立即有人把她帶到本鄉的旅館與夢二見面。

看到兼代的夢二，神智突然清醒過來，他讓兼代擺了姿勢，在紙上走筆疾書起來。六月中旬夢二預計在三越百貨公司舉行為期一星期的畫展，因此四月至六月，夢二展開旺盛的創作活動，兼代也每天前往夢二的房間當模特兒。

夢二形容兼代是個「兼具妖精般清純與早熟女性魔性」的女人，並讓兼代改名為「阿葉」，隨心所欲地給兼代換穿和服、幫她化妝，培育成夢二風格的女人。

夢二認為自己的心已經隨阿乃死去，因而筆致益發清麗，令大正時代末期的大街小巷充滿頹廢美的女人像。

但是，關東大地震一舉破壞了支撐這位民眾大明星的東京出版界和風俗產業。不僅斬斷了

昭和初期，「戀女」，竹久夢二畫。

夢二的鄉愁根源之江戶時代遺風，也連根拔掉了承襲江戶時代遺風的日本固有風土和感性。

夢二後來在世田谷區蓋了一棟名為「少年山莊」的房子，領回一直託付在九州的長男，和次子、兼代組成四人家庭。但夢二經常賣弄般地拈花惹草，心靈逐漸荒廢的兼代也開始和其他男人玩起感情遊戲，兩人終於解散家庭。

昭和二年（一九二七），夢二在報紙連載附插圖的自傳小說《出帆》。正如書名的預告那般，畫界出現了高畠華宵[6]、蕗谷虹兒[7]等後

1933年，「水竹居」，竹久夢二畫。

進風俗畫家，人氣遠遠超過夢二，夢二成為過去的紅人。四年後，夢二出洋前往美國尋求新天地，成果不佳，繼而在歐洲各國旅行，留下許多速寫畫。

昭和八年（一九三三）九月，夢二自歐洲回國。十月，前往台灣演講，並在台北市警察會館舉辦「竹久夢二畫伯滯歐作品展覽會」。十一月返日。翌年病逝於長野縣，享年五十，實際滿四十九歲又十一個月。

1 岸他萬喜（Kishi Tamaki, 1882-1945）。竹久夢二的戶籍上的唯一正妻。

2 笠井彥乃（Kasai Hikono, 1896-1920）。

3 佐佐木兼代（Sasaki Kaneyo, 1904-1980）。另一個名字是永井兼代（Nagai Kaneyo）。

4 藤島武二（Fujishima Takeji, 1867-1943）。明治時代至昭和時代的西洋畫家，留下許多浪漫主義風格的畫。

5 伊藤晴雨（Itou Seiu, 1882-1961）。畫家。擅長幽靈畫、SM繩縛畫，關東大地震後轉為江戶風俗考證家。

6 高畠華宵（Takabatake Kasyō, 1888-1966）。畫家。

7 蕗谷虹兒（Fukiya Kōji, 1898-1979）。插畫家、詩人。

附錄：日本明治後期與大正時代生活史年表（明治三十一年～大正十四年【一八九八～一九二五】）

月份	日本	其他
一八九八／明治三十一年		
二月	富岡製絲廠女工罷工。 日本鐵道（日本最早創立的私營鐵道公司）的火車司機和司爐工四百餘人，因要求改善待遇及職業名稱而罷工。鐵路罷工的肇始。	◆日本銀行設置女洗手間。 ◆長崎、長野、鹿兒島各市第一次點亮電燈。 ◆日本國內自行車總計二萬五千九百八十二輛。
四月	特快列車的一、二等客車設置車軸發電式電燈。每一盞電燈燭光數約為油燈的一・五燭光至五燭光。 女子電話接線員的日薪從二十五錢提高到四十錢。 日本銀行錄用定期工作的女子職員。起初稱為「女工」。	◆美國，紐約市誕生。
七月	政府公佈並實施民法親屬篇、繼承篇。	
十一月	下田歌子與其他人一起組成「帝國婦女協會」。	
十二月	東京上野公園帶狗的西鄉隆盛銅像完成。	
一八九九／明治三十二年		
一月	東京開始向全市供應自來水。	◆女學生服裝流行葡萄茶色褲裙和西式鞋子，通稱「葡萄茶式部」。褲裙材料的進口喀什米爾羊毛甚至供應不足。
二月	政府頒布高等女子學校令，確立賢妻良母主義女子教育制度。並決定在各道府縣設置高等女子學校。	◆清國人陳平順在長崎開張「四海樓」，拿手料理是什錦湯麵，正是現在的長崎雜燴麵。
三月	外務省解除女性的出國限制。	◆日本國產電風扇上市，大正四年起大量生產。
五月	下田歌子設立實踐女子學校、女子工藝學校。	◆美國率先完成最初的撥號盤式自動電話機。

一九〇〇／明治三十三年

一月	高島屋第一次錄用女店員。
二月	三井吳服店（後來的三越百貨公司）錄用三名女店員。她們穿著和服、梳日本髮型，專門負責服飾用品雜貨銷售區。
三月	制定小學生體檢規則。
五月	皇太子嘉仁親王（大正天皇）與九條節子（Kuzyō Sadako）公主舉行皇家婚禮。婚禮時被列入貴族的，全國五十九人。
	美國荷蘭改革教會（Dutch Reformed Church in America）舊金山日本僑民會為了慶祝皇太子婚禮，奉獻美國製電式四輪汽車。在三宅坂試駕駛時，誤轉動方向盤，落入皇居護城河，為交通事故的首例。
六月	因人口、車輛增加，警視廳制定交通規則，正式採用「左側通行」。自古以來，日本武士佩刀在左側，如果走右側，刀鞘會互相碰撞，引起爭執，而且左面冷不防遭攻擊的話很不利，自然而然形成「左側通行」。警視廳沿襲了這項舊習。
七月	津田梅子在東京麴町設立「女子英學塾」，為津田塾大學前身。
八月	小學條例修正案。尋常小學統一為四年制，廢止義務教育學費。入學率從百分之四十四增加至百分之九十五・五。
九月	新橋站和上野站設置公共電話，投入十錢和五錢硬幣使用。這是日本的第一支公共電話，明治三十四年六月增至十一處。
十月	東京的公共電話亭登場。塗白漆六角形。一通電話五分鐘十五錢。公共電話亭的創始。
十二月	吉岡彌生與丈夫一起創立「東京女醫學校」。日本最初的女醫師專門學校，東京女子醫科大學的前身。

◆個人消費支出平均每人一年一百二十三圓五十六錢，每月十圓三十錢。

◆美國紐約舉行全球首次汽車展覽。

一九〇一／明治三十四年

三月	「愛國婦女協會」創立，進行士兵與其家族的救護活動，組織通過日俄戰爭而擴大，成為規模最大的官制婦女團體。
四月	裕仁親王（昭和天皇）出生。 私立女子美術學校（女子美術大學）、日本女子大學建校。 警視廳廢止人力車，採用自行車。日本全國警察開始練習騎自行車。
五月	東京電話局把夜班男子換成女子，晝夜都是女子電話接線員。
八月	與謝野晶子歌集《亂髮》上市。
十月	日本女子大學在東京飛鳥山公園舉行第一次運動會。
十二月	東海道線快車供一、二等車廂客人用的餐車登場。飯菜是「精養軒」的西餐，肉類一道十五錢，蔬菜類一道十二錢，餐車女服務員的日薪十七錢。

◆日比谷大神宮（東京大神宮）首次舉行神前婚禮。此為前一年的皇太子成婚給民間帶來的影響。

◆第一號紅色鑄鐵製圓柱形郵筒登場。

◆鼠疫在台灣大流行。患者四千四百九十六人，死者三千六百七十人。

◆一月二十二日英國維多利亞女王駕崩，享壽八十二歲。維多利亞時代終結。

◆美國德克薩斯州的泰勒夫人在尼加拉瀑布乘桶落下，女性初次冒險成功。

一九〇二／明治三十五年

一月	陸軍步兵第五聯隊的官兵二百一十人在青森縣八甲田山因暴風雪遇難，一百九十九人凍死。日本史上最大山難事件。
五月	台灣島民編入日本國籍。

◆台灣高雄設立鳳梨罐頭工廠。是日本首座鳳梨罐頭工廠。

◆工匠日薪比前一年上漲：
木匠六十五錢（前一年五十錢）
泥瓦匠六十五錢（前一年五十五錢）
石匠八十錢（前一年七十錢）
磚工九十錢（前一年八十錢）

◆手錶開始流行。

◆東京人口一百八十三萬九千七百八十八人，男佔九十四萬六千六百七十一人，女八十九萬三千一百一十七人（警視廳調查）。外國人一千五百一十二人。外國人觀光客一萬八千八百五十五人。

六月	警視廳制定禁止男女混泳等游泳場所規則。 皇太子（大正天皇）試乘自行車。
八月	東京電話費降為五錢（降價十錢）。

◆十二月，東京本所第一次發生鼠疫，市政府決定以五錢收購一隻老鼠為對策。於是市內開始出現「老鼠兜銷大戰」，甚至有人以此當買賣。例如，廢品回收商人變成「老鼠回收」商人，挨家挨戶收購老鼠，廉價收購後再以五錢賣給市政府。如此，十二月至明治三十八年九月底，市政府收購了三百八十五萬隻老鼠，收購費用包含「懸賞金」總計八萬五千圓。

◆清國頒布纏足禁止令。

◆法國一歲孩子實施免費疫苗接種。

一九〇三／明治三十六年

一月	日本體操學校設置女子部。
二月	三井吳服店為了培育店面裝飾專家，派遣公司職員前往美國受訓。
三月	大阪舉行第五次國內勸業博覽會，第一次展示冰箱，當場表演鮮魚儲藏。會場第一次在大阪出售「親子丼」（滑蛋雞肉飯），之後成為大阪著名美食。 台灣香蕉在神戶進港。進口香蕉的開端。
四月	東京芝赤羽的海軍造兵廠縫紉科解僱以前的男工三百人，錄用三百名女工。因為女工工資比較便宜。
七月	三井吳服店招募女子職員，應募者蜂擁而至，錄用二十人。
八月	東京電車鐵道公司（前身是東京馬車鐵道公司）在新橋—品川間開始行駛有軌電車。東京最早的有軌電車。定員四十人的木造車輛，運費三錢。十一月二十五日至上野全線通車。

◆白米一升十九錢，上等酒一升二十五錢三厘，帶餡麵包一個十五錢。

◆秋季，清國從日本聘請三名保姆，於湖北省武昌設立幼稚園。中國幼稚園的始祖。

◆從年齡層分布得知，明治出生的人佔總人口百分之六十六。

◆美國福特汽車公司創立。

九月	清國革命家孫文，在東京青山設立祕密軍事學校。	
十月	日本女子商業學校建校。日本最初的女子商業學校。	
十月	東京市內的女醫師十七人，女性藥劑師和女性牙科醫各三人。	
十二月	富山房出版社出版「袖珍名著文庫」全五十卷。此為文庫本的開始。	
一九〇四／明治三十七年		
二月	日本向俄羅斯宣戰，日俄戰爭開始，戰事持續至明治三十八年九月五日結束。 文部省認可私立女子大學（日本女子大學）。	◆肥皂粉上市。 ◆國民壽命相關統計完成，媒體公開全國長壽者的用餐。東京最長壽者（男）一〇二歲，一天喝三杯牛奶，以牛肉為主餐，一餐一碗飯。長崎最長壽者（女）一〇九歲，每餐必定吃四碗飯。 ◆秋季開始興起為戰場士兵祈福的千人針風俗習慣。 ◆山口縣下關市的工匠製造出郵票明信片自動販賣機。配備了歐美也沒有的排除假幣、退回硬幣的尖端技術裝置。
七月	東京市街鐵道公司，錄用二十五名女子事務員，報名者二百五十人。	
十二月	日本女子大學的運動會出現自行車競賽、高爾夫球賽。 《讀賣新聞》創刊。	◆巴黎出現郵遞汽車。
一九〇五／明治三十八年		
一月	女子攝影學校於東京牛込建校。	◆都市區女子出嫁時開始配戴戒指。 ◆中等以上富裕階層的婦女下廚情形開始普遍，廚房設備改良運動蔓延。例如增高流理台、將灶台安裝在廚房中央、牆上掛掛鐘等。 ◆由於日俄戰爭結束，戰爭景氣消退，失業者增加，改行當人力車夫的人驟增。
四月	第一本漫畫專業雜誌創刊。	
九月	神戶舉行日本最初的婦女高爾夫球運動大會。	
十月	東京實施郵政存款，全球第四名。 東京夜市繁盛，從今川橋到眼鏡橋排列四百五十家店家攤位。	

一九〇六／明治三十九年

二月	根據報紙報導，日本收入最高的女性是下田歌子，貴族女子學校學監年收入二千四百圓，另外還負責兩位殿下的教育，年收入五千圓。第二名是音樂家幸田延子，年收入一千八百圓，另有教導費等，總計二千二百～二千三百圓。
四月	東海道線三等快車設置和食餐車。飯桌設在靠窗一列，乘客可以一邊觀看窗外風景一邊用餐，廣博好評。飯菜是白飯、湯、一道紅燒料理、泡菜，共二十錢。
六月	通信省第一次起用十七名女子當判任官（下級官），為女性打開公職大門。
八月	橫濱─上海航線的「博愛丸」出現女性服務員，大受歡迎。
十一月	東京共立女子職業學校創設打字培訓科。舉辦第一次打字機講座。
十二月	速記記者在女性職業種類中受關注。收入一小時三圓，與男性同等。

◆東京銀座「台灣咖啡店」開張。烏龍茶很受歡迎。

◆以十～十四錢價格收集各種商品，再以全部十五錢的價格售出的販售類型商店出現。之後，「均一商店」到處可見。現代的「百圓商店」原點。

◆因日俄戰爭而出現大量遺孀，女子職業教育的要求高漲，以尋自立之途。

◆台灣泥鰍在全國繁殖。這是在大阪國內勸業博覽會時進口的，當時逃脫的泥鰍在各地繁殖。

◆女學生流行網球運動。

◆女子學校畢業生的工資（月薪）調查（讀賣新聞社調查）

東京縫紉女子學校　十五～二十二圓
女子職業學校　十七～二十圓
女子美術學校　二十～二十二圓
女子英學塾　二十～二十五圓
日本女子大學　二十～三十二圓
東京音樂學校（甲種師範）　二十五～三十五圓
女子高等師範學校（本科）　三十～三十五圓

◆倫敦的美髮廳首次展出利用電熱的燙髮器械。燙一次頭髮要花六小時。

一九〇七／明治四十年

三月	四年義務教育延長二年，小學學習年限六年。於明治四十一年四月一日實施。授課科目修身、國語、算數、日本歷史、地理、理科、美術、音樂、體操、裁縫（限女子）。
八月	山手線運行電車。 富士山山頂開通電話。
九月	東京—北海道的直通電話開通。
十一月	台灣發生武裝起義事件（北埔事件），六十多名日本人慘遭殺害。

◆女性泳衣「斑馬」登場。明治四十三年起大流行。
◆高等女子學校普及，學校共一百三十三所，教員數二千零一十一人，學生數四萬二百七十三人。
◆全國幼稚園入園兒童數一百一十一萬六千五百六十二人，首度突破一百萬。
◆東京府開徵汽車稅，年額三十圓。
◆三越吳服店（三越百貨公司）食堂主要菜單價格

壽司	十五錢
用餐	五十錢
西點	十錢
和菓子	五錢
咖啡	五錢
紅茶	五錢

◆英國通過女性僱用法。
◆倫敦—巴黎，全球首次傳真成功。
◆法國，直昇機飛行成功。

一九〇八／明治四十一年

一月	長野縣制定女教員妊娠規定，帶薪休假二個月。
三月	美國《芝加哥先鋒論壇報》（*Chicago Herald Tribune*）主辦世界選美大賽，時事新報社也參與，在日本公開招募美女照片。審查結果，正就讀學習院的小倉市長的女兒末弘子（十六歲）獲得冠軍，並在美國獲得第六名。 平塚明子（雷鳥）與作家森田草平在栃木縣鹽原溫泉自殺未遂。因為森田事後將此事件創作為小說《煤煙》，因此又稱煤煙事件。 日本最初的女子夜校「橫濱女子補習學校」建校。

◆東京市的自行車進口商四家，零售店四百家，自行車價格五十～一百五十圓。
◆巴黎出現郵票、明信片自動販賣機。
◆英國通過養老金法。七十歲以上的老人每週可支領五先令津貼。
◆德國的普魯士大學首度准許女性入學。

四月	東京日本橋三越吳服店總店重新裝修開張。建築總面積約五百坪，成為日本國內最大店鋪。
八月	首次家貓調查，首都內家貓總計二萬四千六百三十七隻。
九月	女演員川上貞奴在東京開設「帝國女優養成所」（女演員訓練班）。入所資格十六～二十五歲，高等小學畢業以上，保證人二名。由於條件相當嚴格，應募者一百零六人都是上流階級小姐，最後十五名合格。女演員訓練班的第一號。
十二月	七十歲以上的老人，全國一百四十六萬八十四人，佔全國總人口的百分之二・九四（估計）。

一九〇九／明治四十二年

二月	高警視廳鼓勵民眾飼養貓，以防患鼠疫。
五月	日本留聲機商會開始銷售國產唱片第一號「音譜」。

◆手電筒開始被利用。餐具的叉子在一般家庭普及。
◆東京市內電影院七十多家。客人多數是小學生。
◆東京的物價
米　一升十七錢
澡堂　三錢
理髮　十錢
山手線　一段五錢
紅茶　五錢
◆出租書的價格
這時期的租書店都會巡視獨身者居住的寄宿樓，三～十天來交換書。
單行本　六錢
將報紙小說黏成一本的私造本　三錢

十二月

- 電話普及程度，共十一萬二千九百七十七具，昭和十一年一百萬三千零四十五具。警視廳登記的汽車所有者四十七人，共計六十一輛。其中，歐洲製四十三輛，美國製九輛，國產九輛。

◆日本女子大學宿舍的主要菜單
早餐：麵包、湯、燕麥片、洋蔥白醬、烤麵包、烤甜薯、可可。
晚餐：麵包、煎蛋捲、沙拉、蛋、水煮肉腸、青汁等。

◆法國下議院通過女性產假八週的法案。德國實施婦女勞動保護的產前產後八週休養制。美國首度實施孕婦女工帶薪休假。

一九一〇／明治四十三年

三月

- 設立只有女醫師的「婦人共立育兒會醫院」。
- 東京市營電車開始出現早晨的尖峰人潮時段。

七月

- 日本紅十字會制定護士制服。日本的護士共計一萬一千五百七十四人。
- 長野縣認可縣立女子學校女教員的產前產後休假四十日。產前產後帶薪休假的開始。

◆婦女雜誌開始刊載月間、年間的參考菜單。

◆國內汽車總計一百二十一輛。大正元年末時達五百一十二輛。

◆東京上野公園賞花茶館的飲食費

休息費（附點心）	十錢
雞蛋	四錢以下
檸檬汽水（小瓶）	三錢
汽水	十五錢
啤酒（大）	三十錢
日本酒（小瓶）	十二錢
壽司	十五錢
便當（盒飯）	二十錢

月份	日本	世界
九月	帝國劇場附屬技藝學校，第一批十五名女演員畢業。	◆東京市工匠、傭人的日薪 木匠　一圓五十錢 泥瓦匠　一圓二十錢 門窗隔扇鋪　一圓十錢 石匠　一圓四十錢 男傭人　（月薪，附伙食）五圓 女傭人　（月薪，附伙食）三圓五十錢 ◆清國廢止奴隸制度，也禁止人口買賣。 ◆美國華盛頓州，女性獲得投票權。 ◆英國女用野外體育服普及。 ◆德國開始生產女用絲襪。

一九一一／明治四十四年

月份	日本	世界
二月	私立日本獸醫學校於東京目黑建校。 頒布工廠法。禁止婦女與兒童及年少者勞動十二小時，禁止深夜、危險工作。規定每月休假二次，保護病者、產婦等。大正五年九月一日正式實施。日本最初的勞動立法。	◆東京市的澡堂費用 大人　三錢 中、小學生　二錢五厘 幼童　二錢 沖洗　一錢
三月	東京丸之內「帝國劇場」開幕。鋼架鋼筋、座位全部是椅子的西式劇場。入場費特等座位五圓，一等座位二圓五十錢，二等座位一圓五十錢，三等座位八十錢。	◆巴黎流行女喇叭褲和裙褲，引起社會爭議。 ◆英國制定全民健康保險法。愛爾蘭制定失業保險制度。
九月	平塚雷鳥等人組成「青鞜社」，發行《青鞜》雜誌，發起婦女參政權運動。女性主辦的女性文藝評論雜誌成為社會熱門話題。 文藝協會首演易卜生的《玩偶之家》，女主角松井須磨子大受歡迎。	◆義大利對土耳其戰爭，義大利飛船偵查時投彈攻擊，有史以來第一次的空對地攻擊。
十二月	小學入學率達百分之九十八，上學率達百分之九十，義務教育制度大體上落實。	

一九一二／明治四十五年（大正元年）

二月	女學生流行寬大蝴蝶結，甚至出現寬度三寸（約八公分）的蝴蝶結。
三月	長崎縣女子師範學校下令在校時結婚的女學生退學。
四月	明治三十五年建校的東京實踐女子學校（實踐女子學園）制定制服。女學生制服的開始。 皇太子在下總御料牧場品嚐火腿沙拉。得知材料是豬肉後，在內庭開始養豬。 貴族戶數調查結果，公爵十七戶，侯爵三十七戶，伯爵一百零一戶，子爵、男爵計七百六十四戶。 使用充氣輪胎的人力車登場。
六月	橫濱磯子地區開設海水浴場。
七月	明治天皇駕崩，六十一歲。嘉仁皇太子即位，「明治」改元「大正」。直至九月十七日，各大報紙頁面均用黑框。
八月	明治天皇大喪逼近，老百姓流行佩戴喪章，有人甚至在狗尾巴和貓頭上佩戴喪章。 手動式吸塵器上市，一部六十圓。 東京本鄉區第一回夏季休養團在鎌倉進行二週避暑活動，林間學校的開始。大阪北區的西天滿小學在大濱海岸進行遊泳訓練，臨海學校的開始。
九月	東京青山葬場殿（明治神宮外苑）舉行明治天皇大喪。 乃木希典・靜子夫妻在家裡為天皇殉死。 由於明治天皇大喪，零時起三分鐘，全線全列車停駛。
十二月	中華民國首批留學生抵達東京。

- ◆理髮師開始穿白衣。
- ◆男性流行短髮。
- ◆開始製造植物性髮蠟。
- ◆警視廳在東京中野開設警犬訓練所，訓練兩隻狗。翌年七月，警犬開始執行任務。
- ◆吃麵包時用果醬和奶油的習慣普及。
- ◆國產第一台熱水瓶上市，價格是三合（五百四十毫升）一圓五十錢，五合（九百毫升）三圓。
- ◆瓦斯普及於全國四十九城市。
- ◆女學生流行皮革製長筒靴，一雙六圓～六圓五十錢。
- ◆剛從學校畢業的女醫師工資三十～四十圓，學費四年約一千圓（以東京女子醫專為例）。
- ◆全國醫生數四萬九十人，其中女醫師一百七十五人。
- ◆電報投遞的紅自行車登場。
- ◆根據東京帝國大學的學費調查（學費、寄宿費、服裝費、學習用品費等），最高額年收費四百五十二圓八十錢，最低額二百零五圓八十錢。差額大的是寄宿費，最多高達十九圓七十錢，最低為九圓六十錢。
- ◆美國採用國家公務員八小時勞動制。
- ◆英國新造豪華客船「鐵達尼號」（四萬六千噸）初航時與冰山相撞，沉沒。乘客、乘務員一千五百一十三人死亡。

一九一三／大正二年

二月	皇室第一次使用汽車。設置宮內廳日用器具宿舍汽車部。
	東京廢止煤油燈門燈，五月開始電燈設置工程。
四月	東京上野的「精養軒」舉辦「喵喵貓展覽會」、「愛犬競賽」。
七月	「寶塚女子唱歌隊」正式成立，第一屆學生二十五人。十二月改稱為「寶塚少女歌劇養成會」。大正八年一月再度改稱「寶塚音樂歌劇學校」。
	島村抱月、松井須磨子創立「藝術座」。
八月	東北帝國大學理科大學首次有三名女學生合格入學。
九月	「東京女子高等美髮學校」建校。完成兩年課程可以獲得「美髮師」稱號，自己開業。
十一月	最後的將軍・德川慶喜歿，七十七歲。

- ◆由於電燈普及，煤氣燈逐漸自東京市內消失。
- ◆「戀愛小說」這個用詞在教育會成為問題，出版界改為「家庭小說」、「少女小說」等。
- ◆「女優」（女演員）一詞普遍使用。
- ◆國內自行車共四十一萬八千輛。
- ◆電話用戶突破二十萬。
- ◆都市年輕夫妻標準月收入約三十圓，飯費十三圓，服裝費二圓，住居費七圓。
- ◆美國開發出人工腎臟（血液透析）。
- ◆美國發現維生素A。

一九一四／大正三年

一月	建造明治神宮。在代代木建造神殿，在青山建造拜殿，總額三～四百萬日圓。
三月	「藝術座」於東京帝國劇場首演托爾斯泰原作、島村抱月翻譯改編的《復活》。四月起在地方城市巡迴演出，直至大正八年共演出四百四十四回。
	一冊十錢的文庫本上市。

- ◆國產蒸氣熨斗、國產冷凍機、國產住宅用化糞池登場。
- ◆「流行歌」一詞開始普及。
- ◆公司數突破二萬家。
- ◆東京本鄉的寄宿費（有電燈、浴室、電話的家）
  伙食費　九～十圓
  房費　四張半榻榻米房　三～四圓
  　　　六張榻榻米房　四～五圓
  　　　八張榻榻米房　七圓
  電燈費、火炭費　四圓

月份	日本	世界・社會
四月	皇太后美子（昭憲皇太后）去世，六十五歲。五月二十四日大喪。 《讀賣新聞》新設女性主筆的「婦女附錄」，報紙婦女欄的先河。五月開設個人生活顧問欄，成為報紙的個人煩惱咨詢先驅。 「寶塚少女歌劇養成會」首次公演。	◆東京的物價 豆沙麵包　二錢 蕎麥麵（湯麵、涼麵）　一錢五厘 天婦羅蕎麥麵　三錢 二等米　一石（約一百八十升）十五圓六十錢
十月	東京日本橋三越吳服店新裝修開張。是日本第一間設置自動扶梯和電梯的百貨公司，入口的青銅獅子像成為熱門話題。四樓開設收集英、法、美、德國等全世界玩具的兒童用品研究室。另外，新設園藝、食品銷售區，百貨公司部門齊全。	◆七月，塞爾維亞青年暗殺奧匈帝國皇太子，奧匈帝國向塞爾維亞宣戰，第一次世界大戰爆發。 ◆八月，德國向俄羅斯、法國宣戰。日本向德國宣戰。德國飛機在巴黎投下炸彈。歷史上首次的空襲。 ◆美國汽車製造商福特引進一日八小時勞動制，實施日薪五美元，超過英國標準工人的週薪。 ◆美國俄亥俄州克里夫蘭市內的十字路口，率先設置電氣交通信號燈。以紅、綠信號燈及蜂鳴器裝置指示「前進」、「停」。
十一月	宮城監獄新設女子牢房，收容各地的女囚。 東京淺草公園設置四十張鐵製長椅子。	
十二月	東京大學醫學系開始為市內的產婦出診。因為是學生實習，車錢、診察費、手術費等全免。	
一九一五／大正四年		
一月	東京的女學生流行拍攝照片，女子學校宿舍每天都會出現照相館推銷員。	◆咖啡廳女服務員開始穿白圍裙。 ◆汽水、酒、啤酒等瓶子軟木塞換為錫製瓶蓋。 ◆東京市人口（除去外國人）二百二十萬四千七百九十六人。 ◆全國電話接線員二萬人。年齡在十五到二十歲，平均月薪十五圓。 ◆個人消費支出平均每人每年一百三十二圓三十六錢，每月十一圓三錢。
二月	《讀賣新聞》錄用二名婦女新聞欄專任記者。	
四月	大阪－和歌山之間的南海鐵路全線開通，途中的蘆原站誕生第一位女性站長衣川春野（二十二歲），為雙職工家庭的主婦，剪票、售票、打掃等所有業務全部獨自包攬。	

五月	三浦環在倫敦的歌劇院公演《蝴蝶夫人》，大受好評。躍身日本首位具國際知名度的歌劇女主角。
六月	頒布護士規則，第一次認證護士執照。大正六年起舉行檢定考試。
十一月	京都御所舉行大正天皇即位儀式。東京售出二億把國旗。

- ◆小學入學率達百分之百。
- ◆自動鉛筆誕生。
- ◆全國汽車一千二百四十四輛，自行車六十一萬七千一百八十四輛，人力車十二萬三千七百七十六輛。
- ◆美國開通紐約—舊金山北美大陸橫貫電話。
- ◆美國阿靈頓—法國艾菲爾鐵塔，全球首通大西洋間無線電話開通。
- ◆德國完成全球第一架金屬製飛機，首航成功。

一九一六／大正五年

一月	中央公論社《婦女公論》創刊。
四月	第一架國產水上飛機完成。
六月	設置日本最初的工會婦女部。
七月	興起鬥犬熱潮，警視廳遭動物愛護會的抗議，全面禁止鬥犬、鬥牛、鬥雞。 東北帝國大學理科大學出現兩名女性畢業生，分屬數學系與化學系，日本最初的女學士。
九月	實施工廠法。以職工十五人以上的工廠為對象，禁止未滿十二歲者工作，禁止未滿十五歲者與女子的十二小時勞動制（十五年的緩衝期允許二小時以內的加班）。工廠主全額負擔職工的業務上傷病療養費用。

- ◆大阪人口達一百五十萬人。
- ◆大眾對竹久夢二風格美人至為憧憬。大正浪漫熱潮開始。
- ◆設立日本最初的騎馬俱樂部「神戶騎馬俱樂部」。長崎也成立騎馬俱樂部。
- ◆東京和大阪出現汽車駕駛學校。
- ◆食物價格

雞	一隻九十五錢
雞蛋	一顆二錢五厘
豆腐	一塊三錢
白蘿蔔	一根一錢
牛肉	一斤二十五錢
啤酒	一瓶二十二錢
標準米	一石十三圓七十六錢
秋田米	一石十二圓十一錢

月份	日本	世界
十二月	作家夏目漱石過世，四十九歲。報紙連載中的《明暗》在第一百八十八回中斷。 東京下谷發生強盜傷害案件。警犬登場，案件發生四小時後逮捕犯人。當時的人稱警犬為「偵探犬」、「偵探狗」。	◆卓別林以一年六十七萬五千美元的條件和電影公司簽訂演出合約，成為全球身價最高的電影演員。
一九一七／大正六年		
二月	創立東京少女歌劇。 針對主婦的實用雜誌《主婦之友》創刊。	◆流行牛奶券、雞蛋券等商品券。 ◆俄羅斯尼古拉二世退位，羅曼諾夫王朝滅亡。俄羅斯掀起「二月革命」。 ◆美國向德國宣戰。 ◆在美國丹佛大學取得法律學士學位的女性，第一次被美國法律協會允許入會。 ◆舞蹈家瑪塔・哈里（Mata Hari）以德國間諜罪名被法軍槍斃。 ◆俄羅斯爆發「十月革命」，軍事革命委員會宣布建立蘇維埃政權。
三月	芳川鎌子伯爵少夫人（樞密院副議長芳川伯爵的四女）與私人專用司機私奔，在千葉站附近鐵路雙雙自殺。鎌子得救。社會認為這是對貴族社會的舊習之叛逆戀愛行為，成為熱門話題。	
四月	東京的女子開業醫生有七十三名。	
五月	在台灣設置商工學校（即今日的開南商工）。第一家在台日本人的職業培訓教育機關。	
八月	東京帝國大學文科准許女性聽講公開授課。 栃木縣出現日本第一位女性汽車駕駛執照合格者（二十三歲）。	
九月	高爾夫球被選為皇室遊戲科目，三皇子在新宿御苑、赤坂東宮御所（迎賓館）開始練習。 神戶設立日本最初的公立女子商業學校。	
十月	舉行第一次全國小學女教員大會，一百六十人參加。	
十二月	修訂車站盒飯價格，普通盒飯十五錢，上等盒飯三十錢。	

一九一八／大正七年

四月	東京女子大學建校。以超越宗教的基督教精神為本的女子教育。
	流行飼養鵪鶉，鵪鶉一隻三十圓，鶉蛋一顆五十錢。
七月	米價暴漲，全國發生「米騷動」。米價一升五十錢。
	鈴木三重吉等人創辦兒童文藝雜誌《赤鳥》。「童謠」一詞自此雜誌誕生，普及全國。
八月	政府禁止報紙報導「米騷動」事件，各家報社發行空白報紙。三天後，一部分解除禁令。
九月	北海道帝國大學教授會，決定准許女學生入學，但限定學科。
十一月	東京府設置巡迴護士會、巡迴產婆。
十二月	醫生執照合格者五十四人內，女性三十四人，創下過去最高記錄。

◆全國郵政存款總額五億日圓，日本成為全球第三位儲蓄大國。
◆「米騷動」以後，麵包由嗜好品變成米飯代用品。
◆泡沫滅火器首發上市。
◆西班牙型流行性感冒大流行。由於死者過多，火葬場秩序大亂。直至翌年，全國死者高達十五萬人。口罩大流行。
◆第一次世界大戰的德軍俘虜，在日本德島縣鳴門市的收容所演奏《第九號交響曲》。日本首次的《第九號交響曲》演奏。
◆西班牙型流行性感冒在美國爆發，約五十萬人死亡。華盛頓的棺材庫存為零。
◆德國與協約國簽訂停戰協定。第一次世界大戰結束。死者一千萬人，負傷者二千萬人，俘虜六百五十萬人。
◆《紐約時報》開始實施宅配。

一九一九／大正八年

一月	為了台灣的教育體系化，政府頒布台灣教育令。
	松井須磨子（本名小林正子，三十二歲）於有樂座的《卡門》公演中，在藝術俱樂部上吊自殺。前一年，島村抱月死於西班牙型流行性感冒，松井須磨子追隨其後。同月，「藝術座」解散。
二月	美國女性飛行家在東京洲崎的填海造地表演地上進行五十公尺的翻跟斗特技飛行，觀眾十萬人。
四月	大山捨松過世，五十八歲。

◆西班牙型流行性感冒威力不減，大正八年十月～大正九年二月十二日，全國患病者一百四十二萬四千二百六十三人，死者六萬五千八百五十二人。
◆文部省通告初中以下可以廢止制服。
◆戰後景氣和白米猛漲使麵包人氣大旺，供不應求。

七月	廣島的女子（二十二歲）考取船長執照，日本首位女性船長。 可爾必思上市。大正十一年四月，採用「初戀的滋味」標語。 東京的白米暴漲至一升五十九錢。 三井三池煤礦公司首創年資超過二十五年的員工養老金工資制度。一人七百五十圓。以前只是給銀錶。
十月	東京的山脇高等女子學校創採用西式制服之先例。大正末，英國水手服形式的女子制服普及至全國女學生。 三越吳服店實施業界首例的定期休息日，每月兩次。 女教員的妊娠分娩休假期間從三週修改為五週。
十一月	內務省下通牒，徹底禁止虐待、任意驅使動物。

一九二〇／大正九年

一月	流行性感冒蔓延全國。光是東京和關東一帶即有患者二十萬人，死者二千人。
二月	根據大學令，批准慶應義塾大學、早稻田大學、關西大學建校。為日本最早的私立大學。 東京帝國大學允許女子聽講生正式入學。九月，首批文學系女子聽講生三十二人入學。 「青巴士」（東京市街公共汽車，新橋—上野）女性乘務員首次登場。當時被稱為「白領姑娘」，黑色的白領洋裝制服是人氣標的。十八歲起薪月薪三十五圓。當時的大學畢業生起薪是四十～五十圓，相較之下，「白領姑娘」是高薪職業。
三月	東京府營住宅五百三十戶首度受理申請。有甲乙兩種類型，甲是售價一千五百～三千八百圓的住宅，乙是房租六圓八十錢的出租住宅。

◆東京學生寄宿所激增，僅早稻田附近就有五百家。

◆職工每年夏季、年末獎金制度化。

◆美國實施人口普查。總人口一億五百七十一萬六百二十人。其中白人佔九千四百八十二萬九百一十五名，黑人佔一千零四十六萬三千一百三十一名，印第安人佔二十四萬四千四百三十七名，日本人佔十一萬一千零一十名。

三月	「全國打字員工會」成立。要求最低月薪五十圓，八小時勞動。工會委員東京三百六十名，橫濱一百六十名。	
四月	許可明治、法政、中央、日本、國學院、同志社等私立大學成立。日本大學首度許可女子報考專門學系。	
十月	日本首次實施國勢調查。	
十月	講談社《婦人俱樂部》創刊。	
十一月	慶應義塾大學醫學系醫院開始提供醫院準備的伙食。以此為契機，社會對患者營養、醫院供餐的關心高漲。	
一九二一／大正十年		
一月	蛇之目裁縫機公司（JANOME SEWING MACHINE CO., LTD.，即現今的車樂美裁縫機公司）製造國產第一部世界標準型縫紉機。目前是全球規模最大的縫紉機廠商。	◆全國電影院數五百四十八座，劇場一千六百二十三座，寄席三百六十八座。寄席是指講談、說書、雜技、演戲、表演魔術的大眾曲藝場。
二月	以大眾為讀者群的攝影雜誌《camera》創刊。	
九月	三越百貨公司制定女店員制服。女子職員制服的開始。	◆中國共產黨在上海成立。
十月	寶塚歌劇團「月組」、「花組」誕生。	◆美國批准美國人和東方人的結婚。
十一月	福岡女學院把學生制服統一為水手服，成為話題。	
十二月	天皇臥病在床，皇太子裕仁親王（二十歲）成為攝政。	
一九二二／大正十一年		
三月	愛媛縣的兵頭精（Hyoudou Tadashi，二十四歲）通過三等飛行員考試，成為日本第一位女性飛行家。	◆女性開始流行短髮。 ◆大正時代的三大西餐：咖哩飯、可樂餅、炸豬排。 ◆大日本除蟲菊公司推出旋渦型蚊香商品，大暢銷。一箱二十錢。
四月	以烹飪教育聞名的東京府立第三高女，在烹調室新設使用電熱的廚房。設置電灶、電陶爐、電烤爐、電烤麵包器、電煮咖啡器等。	
五月	交際舞大流行，警視廳開始取締。	

月	事件	世界
七月	作家森鷗外過世，六十一歲。	◆蘇維埃社會主義共和國聯盟（蘇聯）成立。
十一月	資生堂銷售眼影，啟動女性化妝法革命。	◆美國的汽車按月分期付款的銷售法正式化。
一九二三／大正十二年　關東大地震		
一月	「婦女參政權獲得同盟」成立。	◆電影的旦角演員完全消失。
三月	「東京婦女記者俱樂部」成立。	◆家庭開始使用電熱熨斗。
四月	「婦女事務員協會」、「護士會」、「助產士同盟」、「婦女打字員協會」等組成「職業婦女團體聯盟」，發行機關雜誌《職業婦女》（日後改名《婦女與勞動》）。	◆「壽屋」（三得利）製造第一瓶國產威士忌。
九月	一日關東大地震發生，M七・九，震度六，震源是伊豆大島北端。	◆英國修改離婚法，妻子可以以丈夫不貞為離婚理由。之前只准許虐待這項離婚理由。
	關東大地震時，著和服女性遇難者數多，社會湧起服裝改造論，推進女性洋裝化。	
	東京的市營電車呈毀滅狀態，公共馬車復活，往返上野─品川。	
十二月	東京市公布，因關東大地震，臨時木板房的居住者達八萬五千多人。	
	東京市社會局在市立八所小學實施營養午餐，獲得很大效果，成為國家和各市政府致力學校營養午餐的開端。	
	東京的市營電車九成左右修復。	
一九二四／大正十三年		
一月	皇太子裕仁親王（昭和天皇）與久邇宮良子（Kuninomiya Nagako）成婚。	◆公共汽車乘務員、紡織廠女工等的制服變成西服、洋裝。
二月	女子學習院准許普通女子入學。五人入學。	◆神奈川縣舉辦松竹電影公司女演員的泳衣展覽秀。泳衣秀的先趨。

月	日本	世界
三月	東京市在水道橋開設婦女職業介紹所。十一月，大阪市在京町堀開設婦女職業介紹所。 第一家女子夜校建校。職業婦女有機會就學。 電話費改為一通三錢。	
七月	大阪市公共汽車開始營運，通稱「青巴士」，女子乘務員穿紅領制服，受市民愛戴。	
十一月	文部省禁止女學生打棒球及射擊。	
十二月	東京市的女醫師增至一百三十六人。	
一九二五／大正十四年		
一月	東京出現家庭生活全部電氣化的新式文化住宅。 內務省公布，關東大地震的死傷者總計十五萬六千六百九十三人。	◆大阪的「麵包店食堂」（現在的「北極星」）發明蛋包飯。 ◆夏普公司出售國產第一台收錄兩用機。 ◆美國女子棒球隊首次到日本。 ◆美國出現史上首位女性州長。 ◆德國納粹黨創立黨衛軍（ＳＳ）。 ◆義大利墨索里尼的獨裁政權成立。
二月	東京廣播局（ＮＨＫ）收音機廣播試播，七月正式廣播。收聽費一圓，聽眾數五千四百五十五人。七月，名古屋廣播局正式廣播。十二月，大阪廣播局正式廣播。	
三月	普選法成立，二十五以上歲男子擁有選舉權。	
五月	社會學家、民俗研究者今和次郎（Kon Wajirou）在銀座進行行人調查，男性西裝普及率百分之六十七，女性洋裝普及率百分之一。八年後的二月重新調查，女性洋裝率增至百分之十九，但除去年輕女子和小孩，仍僅有百分之三左右。 警視廳下令舞廳營業時間至下午十點為止，禁止學生在舞廳跳舞。這時期流行交際舞，東京府有五十六家舞廳。	
六月	東京廣播局首次錄用女性廣播員，負責家庭講座。	

七月	《女工哀史》出版，悲慘的女工實際生活引起迴響。 東京廣播局發行外語學習課本，開始廣播外語學習講座。 女性的主流游泳衣從有袖演變為無袖。	
八月	東京廣播局首次播放收音機連續劇，作品是英國作家休斯（Richard Arthur Warren Hughes, 1960-1936）的〈礦坑中〉（Danger）。	
九月	大阪創設工人失業保險，每個月付二錢，失業六天以上，一天可以領取五十錢。	

國家圖書館出版品預行編目（CIP）資料

大正日本─百花盛放的新思維、奇女子 / 茂呂美耶著.
– 初版. – 臺北市 : 遠流, 2015.05
面； 公分（日本館・風；J0116）
ISBN 978-957-32-7633-3（平裝）

1. 日本史 2. 生活史

731.276 104006015

大正日本─百花盛放的新思維、奇女子

作者──茂呂美耶
副總編輯──林淑慎
主編──曾慧雪
美術設計──李俊輝
行銷企劃──葉玫玉、叢昌瑜

發行人── 王榮文
出版發行──遠流出版事業股份有限公司
地址──台北市南昌路二段81號6樓
電話──(02) 23926899 傳真──(02) 23926658
劃撥帳號──0189456-1
著作權顧問──蕭雄淋律師
2015年5月1日 初版一刷
售價── 新台幣360元

ISBN 978-957-32-7633-3

YLib 遠流博識網 http://www.ylib.com
E-mail: ylib@ylib.com